CUSTOMER EXPERIENCE
BRANDING
Driving Engagement Through Surprise and Innovation

品牌化思维

引爆用户购买力的十五大品牌逻辑

[瑞典] 托马斯·迦得（Thomas Gad）◎著
王晓敏 胡远航◎译

中国友谊出版公司

图书在版编目（CIP）数据

品牌化思维 / (瑞典) 托马斯·迦得著；王晓敏，胡远航译. --北京：中国友谊出版公司, 2018.9 (2020.4 重印)

书名原文: Customer Experience Branding: Driving Engagement Through Surprise and Innovation

ISBN 978-7-5057-4318-2

Ⅰ. ①品… Ⅱ. ①托… ②王… ③胡… Ⅲ. ①品牌战略 Ⅳ. ①F273.2

中国版本图书馆 CIP 数据核字(2018)第 047763 号

著作权合同登记号　图字：01-2018-2669

书名　品牌化思维

作者　[瑞典] 托马斯·迦得

译者　王晓敏　胡远航

出版　中国友谊出版公司

发行　中国友谊出版公司

经销　新华书店

印刷　河北鹏润印刷有限公司

规格　710×1000 毫米　16 开

13 印张　230 千字

版次　2018 年 9 月第 1 版

印次　2020 年 4 月第 2 次印刷

书号　ISBN 978-7-5057-4318-2

定价　55.00 元

地址　北京市朝阳区西坝河南里 17 号楼

邮编　100028

电话　(010) 64678009

序

你的品牌或名字便是你的声誉，应被终生保护。因为它们意味着一切，也高于一切。

我觉得人们不太了解维珍（Virgin）：维珍是一个有趣的、充满冒险的品牌，它向客户提供高质量、高价值的产品。这个品牌充满人性化。尽管一个品牌拥有四百多家公司听起来吓人，但相反的是，维珍始终如一——我们更多地将合作客户和投资者视为一种理念或哲学，而非公司。我们提供维珍的经验，并确保其在所有行业都能保持一致。这一切经验都和客户体验品牌化有关。

运营公司最重要的是牢记公司是个集体。作为领导者，你必须善于聆听、善于鼓励、善于赞美，以及能够慧眼识英雄。人与花无异，你若给花浇水，则花开繁茂；你若赞美别人，他们则蓬勃发展，这是一个领导者的关键素质。

作为一个品牌领导者，我知道大部分的成功都归功于清晰的愿景、方向和使命，并且深知客户所关心的、有意义的事情可以建立品牌与客户之间的关系。

你知道什么使你的公司与竞争对手不同或比他们更好吗？你有核心使命和企业价值观吗？你的员工是否以同样的方式阐述你的公司文化？你了解你的目标受众并且知道他们在关注什么吗？如果答案是否定的，那么你公司中的员工可能不在同一轨道上，此外，你可能也不会积极建立品牌信任。

当托马斯·迦得在 15 年前以相同的标题在书中介绍四维品牌（4 - D Branding）时，我写了这篇前言，因为我觉得 21 世纪的品牌创造需要灵敏度和想象力。我坚信，四维品牌绝对会取代一维品牌。多年后的今天，成熟的网络和社交媒体通过各类品牌占领了世界，这些品牌将全世界的人联系起来，而这些网络和社交媒体还需要更多的品牌。伟大的品牌代表了一些人们相信且认为重要的东西。价值观和品牌是密不可分的，而建立强大、有说服力且有持久价值观的品牌敏感并不容易。

每个品牌的成功之路都并非一帆风顺，建立各种关系尚需时日及努力，而这些关系却又无法凭空伪造。价值不会因品牌出现麻烦或采取商业上的权宜之计而被人们快速忘记。价值必须充满意义及具有长久性，否则价值则不复存在，所以你只能偶尔创新。如今“关联品牌”（relation brands）是商业成功的关键，他们要求承诺：致力于不断创新，拨动人们的心弦，激发他们的情感和想象力。这些做法很容易引来嘲笑，也让各品牌的成功之路难上加难。

在这本新书中，托马斯·迦得专注于客户体验，关联品牌是其中的一部分。我对这本书中的一个观点十分认可，即惊喜作为一个要素在品牌建立及维持中起重要作用。我自己在实际工作中也尽量如此。除了乐趣外，惊喜也是向客户表达你的态度的重要方式，就像给别人小礼物一样，都在传达你的爱意。

在本书中，托马斯·迦得为读者了解关联品牌如何做好工作奠定了基础，并为商业领袖提供了易于理解且有效的工具。他所传递的信息及品牌日益增长的力量需要读者的认可，无论你的业务涉及何种领域。

理查德·布兰森

目 录 CONTENTS

Chapter 6　四维品牌：为客户创造“意外之喜”

Chapter 7　复活节彩蛋效应：造就预期的惊喜

Chapter 8　品牌密码：找准品牌的核心定位

Chapter 9　客户体验品牌化：创造前所未有的感知差异

案例：令人惊奇的案例

引　言

本书很有可能会对你接受及受益于客户体验品牌化的能力产生影响。客户体验品牌化的力量强大而迅速。如果你认真阅读本书之后，再与同事或顶尖业务团队分享，那么你的业务收益将大大增加。

由于受到即将来临或已经开始的商业转型的启发，我 2000 年撰写了《四维品牌：破解网络经济的公司密码》（*4 – D Branding*：*Cracking the Corporate Code of the Network Economy*）一书。商界领袖需要新的策略和模式来应对新形势。在过去 15 年左右的时间里，我通过我的营销经验传递我的方法及品牌模式，其中包括将诺基亚打造成国际品牌。

如今，以往的直觉已经成为现实，但不幸的是，变革极大地超过预期。我认为应树立新的观念看待即将到来的一切。这种新的观念建立在过去 15 年已经发生的事情之上。现在是时候向这些年已经成功的公司和品牌学习。

商业领袖认为未来公司最重要的挑战在于客户体验，我也在探讨如何将品牌化作为一个概念，如何成为他们应对这个挑战的武器。

事实上，我们已经经历了人类交流及全球文化的重大转折。互联网及其移动应用程序为人类提供了前所未有更多更大的便利，但是人们仍然难以接受这一点。即使互联网的影响业已成熟，而我们只是缺乏易于理解的角度。这就如同以往出现重大变化的例子一样。

我们已经体验到了互联网技术在个人甚至更大的领域上对我们生活的影响。残酷的一体化及透明的世界经济造成世界许多地区出现戏剧性的变革和国际金融危机。

然而，过去与现在最大的不同在于个人有了新的角色。如今，人们广泛地与他人建立联系，而不再是人群里孤立的个体。因此，变得与任何一个平凡的人一样强大已成为过去。本书中，我多次提到美体小铺（The Body Shop）的创始人，即早期企业家阿妮塔·罗迪克（Anita Roddick）的话：“如果你认为你自己的影响力有限，那么试试跟蚊子睡在同一个房间。”如今看来这句话就是至理名言。

本书就是在这样的背景下产生的。在实践中，我遇到了很多商业领袖，他们在处理客户体验方面遇到很大的困难。当几乎每个人都使用互联网并且毫无限制、零门槛接触信息的时候，信息的传递不可控，甚至无法限制。这创造了几乎百分百的透明度，这是马歇尔·麦克卢汉在20世纪80年代创造“媒介即信息”时难以想象的，甚至影响力更大。

结果是显而易见的：如果你依赖于用户的态度和反馈，那么你就必须把人与人之间紧密联系这一点考虑进来，从而改变你的领导方式——把威胁变成机遇。

还有其他一些方面也会产生影响，这需要工作方式的重大改变。例如全球化带来的“相似性”。这一点十分重要，即使是小范围，对于成功来说也是不可或缺的。

最后，对于许多成熟的公司来说，重要的是来自“小龙经济”（tiger economies）的挑战：技术优势的逐渐消失和不同价格水平的同类产品之间的差异。

我们需要一种新的途径来领先该领域？答案不言而喻。人们需要创新，从长远来看，需要形成新的领导思想和管理系统来处理当下形式。

这跟竞技运动是一样的道理。运动员之间在设备、生理机能和训练上的差别越来越小，因此便很难以此来决定冠亚军。然而，在心理方面的训练和备战以及如何取胜的理念在竞技运动中就变得尤为重要。相比品牌化来说，也是同样的概念——明显的区别变得十分微妙，甚至不复存在。品牌化和客户体验正在变成一场前所未有的心理战。

本书还有另外一个写作背景，便是我致力于帮助各种各样的公司——私企、国企、工业产业，甚至包括个体商户——制定新的有效的战略和手段应对网络技术带来的新形势。

总而言之，人类的生活与文化，跟人与人之间的交流沟通是紧密相连的。如今，人与人之间的交流由于网络技术的发展得到了很大的提升。你现在需要做的就是找到一种把身边的人——客户或用户，以及公众和竞争对手——联系起来的业务战略。

如果你花一点时间和精力来读完这本书，让它帮助你形成自己的管理风格和领导模式，那么你肯定能达到其他普通公司不可企及的成功。你就会成为这个新时代的佼佼者。

近几年以来，每当有人要我用一个词来说明什么是品牌化，我都会说："惊喜！当然了，是那种积极正面的惊喜。"当他们问我品牌化的结果是什么的时候，我都会说："消费体验。"对我来说，客户体验和品牌化就是同样的东西，不管你用什么样的方式来衡量公司成功，它们都是至关重要的。

这就是为什么客户体验品牌化是这本新书的主题，随之是关于时下流行的四维品牌的讨论。

我尽量使本书读起来实用并且容易上手，就像我以前的书一样：一本为新一代商业领袖和企业家服务的书。

阅读并收获吧！祝愿你们从中得到启迪和鼓舞，并享受这次阅读。

“你必须从客户体验开始，然后再回到技术上。除此之外，别无他法。”

——史蒂夫·乔布斯

前　言

客户体验品牌化——惊喜，惊喜！

客户体验对于当今商业领袖意义重大：接受过高德纳公司调查的商业领袖中，有89%的人认为，从2016年开始，客户体验将会成为他们竞争中的主要依据。（高德纳咨询公司，2014）

要了解过去10到15年间客户体验的发展变化，最好的方式是回顾并观察品牌定位的发展。简单来说，当今世界，我称之为“关联品牌”的数量不断增加，创新成了区分成功的最重要因素。

传统观点认为，品牌通常具有可预测性。第一代品牌是作为工业的一部分而产生的。当时的品牌被看作总是在机械地重复自身。这些品牌试图通过品牌名字或商标传递产品的精密度、服务效益或体验，以确保客户和使用者获得的正是他们想要的感觉，且每一次都应和之前一样，于是产品和服务的可预测性成为主要的客户体验形式。

麦当劳在这方面是个很好的例子。无论你在何时何地下订单，巨无霸的尺寸从未改变，世界各地的麦当劳一直是按这种精确尺寸进行生产。据此，《经济学人》提出了国际购买力平价法，也称之为“大麦克指数”（the Big Mac Index），是一种对不同国家中具有同样标准的产品进行比较的指数，这种标准包括原料和生产成本。

所有这些，对从手工业向工业过渡的社会尤其重要。完全可预测性与可靠性成为客户记住商标的主要原因，因此可预测性已成为任何产品或服务品牌最重要的特点。

今天，在我们日渐成熟的网络文化中，可预测性在某种程度上被看作固有品牌的基本特点，且或多或少被视为理所当然。可预测性确实有其价值所在，但它已无法再激发消费者的兴趣。同时，我们也知道在不同商品和服务中存在激烈竞争，这种竞争的消极面在于，会产生少量不可靠的产品或服务，但它们最终会走向失败。互联网的透明度和交互式用户评论，让用户们充满信心，商家如果不努力持续维持产品质量，终将被市场所淘汰。

现代品牌已经不仅仅局限于其功能性（例如体现产品的社会和个人功能，心理和精神功能），而是以目的为导向的多维度品牌（详见第6章）。

惊喜吸引我们

自100多年前，组织化产品随着工业的发展第一次被引入进来，其本质和角色在社会中就不断发生着变化。品牌正在变成“关联品牌”——相比以功能性、产品为导向，可预测收益传递为特点的传统品牌，这些品牌对人类的影响更大。

品牌是在感知和经验的基础上建立的，品牌的建立可以被定义为人类思想中的管理认知和经验。与以前相比，现在我们更注重对品牌的不同方面进行观察。我们期待从某种品牌中获取新鲜感。品牌应该代表未来（或怀旧），让我们感受到它的与时俱进和见识。我们希望某种品牌能够为我们提供向朋友炫耀的东西，或将成为一种时尚的东西。

品牌应当被视为某类商品的引领者，甚至当品牌的生产或服务与我们的认知不符时，也将给予我们品牌自信。某些高创新品牌并不是第一个拥有技术的，但却是第一个开发新用户体验的（像苹果公司和GoPro公司）。其目的在于让消费者培养产品认同度，认为某种产品总是能读懂我们的心思，或是总能提前让作为消费者的我们感到自己的特殊性与重要性。这不仅仅是我们正在寻找的、与众不同的全新体验，也是品牌个性之体现。如果这种品牌被视为经典品牌，可以通过怀旧的方法达成这一目的；如其被看作创新品牌，则可通过引领未来发展趋势的方式来达成这一目的。

对于顶级品牌，客户对其有形价值传递及其特性的可预测性有非常高的期望。我认为品牌确立与友谊的持续很相似，创新是维持朋友间共同兴趣的好方法。事实上，这一原则适合于任何关系。

这是强势品牌最大的挑战。因为我们期待从心仪的品牌那里得到惊喜，这种惊喜使我们对它更加钟爱。当我们更钟爱于某品牌时，我们的朋友和家人会注意到这一点，并受我们的影响，即便我们在言语中并没有提及过该品牌。仅通过品牌产品的使用，我们无形中成了重要的品牌推销员。

如果心仪品牌给予的惊喜超过预期，我们会更加兴奋，进而对这个牌子更加钟爱和感兴趣。我们一直钟爱于一个牌子是因为体会到了某种意想不到的惊喜。当一个品牌或公司从市场上退出或消失，通常是由于长时间缺少创新。创新对于我们来说像毒品，我们不能没有新鲜和与众不同的东西。如果品牌创新的时间变得越来越长，最后我们会对该品牌失去兴趣。这也是品牌会经历困难时期的原因。特别是，如果品牌曾给予客户预期创新的理由。

通过谷歌，我们可以对此有清晰的认识。谷歌品牌价值处于不断增长中，这是源于其总是能提出新奇的点子并给我们惊喜，例如谷歌智慧型眼镜、无人汽车、奇怪的调查，以及库兹韦尔的思想领导。尽管谷歌著名的商业策略已颇具影响，其在数字领域、网络和移动商业的发展中也已处于领导地位，但所有的谷歌初创公司仍要重新开始进行创新。同安卓、优步、雀巢，以及更多公司一起，谷歌持续创造更多的意想不到，而传统的品牌从来不会像谷歌那样经常更换图标。

相比之下，我们再看一下苹果公司。乔布斯去世几年后，公司的创新缓慢，直至停滞不前。作为一家创新型公司，苹果公司的理念是挑战现状，以全新的视角看世界，但这种理念的实行逐渐衰落。现在苹果公司与用户以及品牌赞助商之间的关系，让人更多联想到的是对于褪色婚姻细节的无限缅怀。这种情况在乔布斯去世两年后，苹果公司在一次重要的发布会上发布新产品和设计理念才得到扭转。

苹果公司的案例显示，这些失败的品牌有能力再次复苏，但是这种由于缺少创新而导致的长期失望可能会导致最忠实的品牌客户减少。而且，并不是每一个强势品牌都能在短暂的危机后再恢复到之前的巅峰状态。

个性化的惊喜

最重要的创新是那些个体形式的创新。在第 7 章中，我们将进一步研究我称之为“复活节彩蛋惊喜”的创新。这些惊喜是我们所期望，但又不确定会得到的惊喜。至少，我们希望预期得以实现，本身就会产生一种惊喜（详见第 7 章）。

我们期待新的惊喜，特别是赋予品牌人性化与个性化的惊喜，例如第一代苹果笔记本电脑关机时闪烁的灯光，乔布斯用它来模仿人类心脏的跳动（尼兰，2011）。

关联品牌被视为具有个性，这对其非常重要。当今世界，品牌的宣传方式应该极具人性化。对品牌本质的直观、前摄性认知也必须真正的人性化。我们目前正在适应这种认知。在这种情况下，那些不具人性化的品牌，将被视为冷漠、不友好的，让人很难与它们建立联系。

惊喜的另一面

在数字时代，关联品牌取得了巨大成功，创新对其成功至关重要，而积极的创新型体验无疑是创新的一个重要方面。

创新的另一重要方面是品牌的易变性，即将产品变为与最初预期不相符合形式的可能性。这种改变有可能源于内因，如果品牌经理选择重新定义品牌，那么品牌将成为新产品的代表，而这种新的认知方式也会在客户的脑海里逐渐形成。

对于初创公司，这种商业和品牌概念的改变被称为连轴转效应。通常源于用户对初创公司产品或服务的认知方式，以及公司对用户偏好的新发现。对某一产品第一次生产所进行的贝塔测试（Beta-testing），通常会带来大量用户反馈。而公司会根据反馈对产品进行调整，有时这些调整是巨大的、根本性的，例如，反馈揭示用户的需求与初创公司生产的产品大相径庭时。

品牌策略的改变，在某种程度上极具戏剧性。这种改变既能产生完全不同的品牌，也可能仅是细微的品牌调整。它既可能是产品或服务变化带来的改变，也可能是产品或服务被引入新领域或细分市场带来的改变。当然，也有可能仅为人们总体认知的改变，导致这一改变的因素包括无形中改变人们的思维定式。

最有趣的品牌认知变化发生在公司客户的大脑中，不受品牌所有者或品牌经理的影响。品牌所有者只关注产品系列或人们脑海中的品牌认知改变。

在这方面，阿迪达斯是一个很好的例子。当它在品牌竞争中处于劣势，在传统运动员和消费者心目中失去地位时，这个品牌及其标志性的斜条纹运动服，出乎意料地成为纽约市青少年表现自我的炫酷方式。阿迪达斯聪明地利用了这一点，扩大了传统品牌的影响力，使其再一次成为时尚品牌。

看看21世纪前15年中最成功的品牌：脸书（Facebook）、谷歌（Google）、苹果（Apple）、星巴克（Starbucks）等（见“案例”，第155页）。从品牌的立场来看，这些品牌创始之初都没预料过自己的成功。也许这是某个新品牌寻求业务时的说辞，他们只是跟随已有的潮流。不过真理是，品牌的巨大成功都是意料之外的。

许多品牌成立之初都有所预设，如目标受众、产品用途或广受欢迎的产品特征和属性。但最终，客户和用户的行为与预期不同常常成为品牌成败的重要因素。不论是客户使用产品或服务的方式，还是客户偏好，这些都会使品牌的宣传不同于品牌的预期。这种例子比比皆是，例如福特野马车（Ford Mustang)，该品牌创立之初的预期受众为年轻的大学生，但最终却最受那些享受年轻及性感的成熟男性的青睐。尽管福特野马的生产成本低于大多数其他汽车，但其高昂的价格对于大学生来说仍然难以负担。

许多品牌的产品及服务都有其预设的使用方式，若消费者在使用时的方式跟公司预设的不同，那么这对品牌来说就是真正的成功。一个例子是医药行业有名的伟哥（Viagra，西地那非片）。研发此药的初衷是治疗高血压、心绞痛和其他心脏病。然而第一阶段临床试验显示，该药物在治疗预期病情方面的效果并不出色，但对男性受试者却发生了意想不到的副作用。1988 年，该药物迅速占领市场，治疗阴茎功能障碍，一夜成名。在 2009 年至 2013 年期间，辉瑞公司的年度财务报告显示，其每年收入约为 19 亿美元（辉瑞，2016）。

另一个例子是可口可乐，创立该品牌的初衷是作为吗啡的替代品，治疗头痛、缓解焦虑。可口可乐的发明家约翰·彭伯顿（John Pemberton）是内战南部邦联的退伍军人，由于在内战中受伤，染上了吗啡瘾（阿格纽，2013）。起初他发明了彭伯顿法国古柯酒，这种酒是用古柯叶泡制而成的酒精饮料，味甜。20 年后，一种没有酒精、加有碳酸盐的饮料才出现，最终上市销售。直到今天它也仍然是世界上最受欢迎的苏打饮料。

在现代创业世界中，这种产品未被按照计划方式使用，但却带来意外的成功的现象叫作关键转折（pivot）。如今，“关键转折”相当普遍也很受人们青睐。经验丰富的风险投资家（VC）甚至认为制订“计划 B”对于创业团队十分重要。因为在风投领域，计划 A 往往不能成功，能成功的反而是计划 B。但是我认为，我们不应该过度看好关键转折。实际上关键转折体现了失败，这种失败首先反映在探索客户的需求上，其次体现在展望具有吸引力且能受到客户喜爱的产品上。本书第 3 章将对此内容有所论述。

Chapter 1

品牌化：
人类思维的认知管理

“品牌化”这个词无法准确描述如今品牌践行者的意图，也无法描述实践者们赋予该词的含义。

品牌一词的词源造成了人们对它的错误印象，其词源来自祖先（瑞典、挪威、丹麦和冰岛的维京人）的语言：古斯堪的纳维亚语——brandr（意为“燃烧”），指主人用热铁在牛、奴隶、木头、陶器等其他物品上印上标志，以表所属。这种做法至少可以追溯到古埃及。

起初，人们用品牌标识牛群，从而对小偷提出警告。随着时间的推移，品牌成为社会、政治和商业融合的标志。品牌成了关系的标志，不仅仅是所有者或生产者之间的关系，而且是人与人之间的关系。品牌可以根据具体情况预测行动、状态、声誉及体验；可以体现生产者、客户、消费者和舆论制造者之间的关系；也可以体现质量、可用性、价格和服务，以及政治、社会、商业或文化公司的政策、角色、价值观、信仰和魅力。

此外，品牌还可以通过整合生产、服务管理、媒体选择、内容创作、公共关系、物流和信息技术，包括社交媒体来激活。

2000 年，我与品牌化领域中世界领先的新思想家合作，创建了名为 Medinge 的智囊集团。我们所做的第一件事就是推翻品牌这个词，结果发现，几个回合之后，我们无法找到一个更好的词来形容品牌在我们现代人的思维里代表着什么。幸运的是，我们人类的大脑通过模式识别的方式能够识别品牌（见第4章）。然而，一个词的历史远不如该词传达的目标重要。从这个角度来看，正如我们赋予品牌以何种意义，品牌就能得到相应的价值。

在本章中，我想提醒你注意一些你之前可能没有考虑过的地方，这将有助于你管理你的公司。

人类思维的认知管理

我虽然有多年研究经验，但到目前为止，我认为品牌的最佳定义是“人类思维的认知管理”。它帮我们了解品牌效应会在何处起效——人们的思维，也让我们知道效应是什么——认知管理。

想要了解品牌化的作用，最好的方法是逆向思维：如果不使用品牌化，会怎么样？令人惊奇的是，品牌化随处可见。而且更奇特的是，人们是用自己的想象或幻想填补信息空白，而不像人们通常所认为的受品牌所有者及品牌经理的有意引导。

在没有可用信息的情况下，空白的空间充满了猜测，而想法的产生基于这些猜测。人们开始猜测，并与他人分享他们的猜测。有时候，外界的评论员会通过发表言论和意见助长猜测，但我们仍然无法知晓确切的事实，也无法洞察决策者的真实想法。

我从来没有见过或听说过任何品牌创立者在发布产品时不付出任何努力。相反，我遇到有一种品牌创立者，他们抱怨自己的品牌没有受到应有的关注，或是抱怨自己的品牌没有成为人们的首要考虑。这种情况通常会出现在一些狂妄自大的创业者身上，他们拒绝品牌战略带来的帮助，理由是他们认为这种帮助既费时又费钱。

管理是回答什么是品牌化这一问题的核心。大多数公司有不同的管理流程：人力资源管理、财务管理、生产管理、采购管理等。品牌是创造价值最重要的过程之一。无论是在资产净值还是业绩（利润）方面，品牌一定是重要的核心管理过程。不幸的是，大多数公司的情况并非如此。

有时这是传统观点造成的结果。品牌化被视为是营销过程的一部分，当然，它是营销的重要组成部分。但品牌化不仅仅是市场营销，它历来就是公司文化的基础。品牌通常是公司的展望、使命和价值观的体现。简而言之，在任何一家公司中，不仅仅只是盈利性公司中，品牌化都是该公司管理策略的一个子集。我最欣赏的品牌的另一种说法是“公司的 DNA”，甚至是“公司的灵魂”。

案例："海盗品牌"——如何管理人们内心的恐惧？

17 世纪 50 年代至 18 世纪 20 年代是海盗的黄金时期，在这一时期，四处抢劫的加勒比海盗是有关认知管理极具说服力的例子。认知管理始于海盗“标志”；海盗的经典旗帜来源于亨利·艾弗里（Henry Avery），最臭名昭著的海盗船长之一。红色或黑色背景上系着头巾的白色头骨及旗帜底部的十字骨，清楚地展示了不愿向海盗投降的船员的命运。

认知管理的重要部分是清楚认识品牌创立者的动机——为什么创设该品牌，该品牌的目的及使命是什么。传说海盗只对战利品而非杀人感兴趣。这就是许多装满商品，包括黄金和其他贵重物品的船只，不经过激烈的战斗，就选择投降的原因。那些被雄心勃勃的海军军官强迫参加战斗的水手们非常清楚，海盗是一群豁出去的不法之徒，他们极其危险和残忍。许多船员向海盗投降之后，加入了海盗队伍，这不仅能使他们活命，而且还可以得到奖金。一名海盗能得到一到两件战利品（康斯塔姆，2007），而商船队中一名水手一个月的薪水却只有 19 至 24 先令。（希尔和朗福特，2002）

何者第一位：商业战略还是品牌战略

对于商业战略与品牌战略如何结合这一常见问题，直到几年前，我的答案仍是商业战略更重要。因为商业战略是一个“长期行动计划，旨在实现特定目标或一系列目标”（格力卡斯，2012），其主要目标通常是赚钱。商业战略是管理层加强公司绩效的计划，包括创建商业模式、确定主要客户对象。作为一个品牌顾问，我只是想对商业的其他部分表现出足够的尊重。

在过去的几年中，对于两者谁应处于首位，我的想法有所改变。我现在认为应将品牌策略放第一位，接着才是商业战略或计划，其中包括绩效目标和商业模式。我的想法发生如此大变化的原因是，在我的实践和经验中，我看到大多数公司都失败了。失败并不是因为他们没有能够盈利的商业模式及战略，而是由于对客户需求及想法的疏忽。

换句话说，公司必须解决更广泛和最基本的客户需求，这需要公司能够提出自己的想法、概念，为客户提供体验，从而提高客户接受度。这种接受度、热情度和忠诚度能够建立客户与公司品牌间的长期关系。

最后这部分讨论品牌在当今社会意味着什么。如果先进行研究、开发，并在此基础上进行创业，那么成功就有了保障。创立公司且试图通过取巧的商业模式盈利，其风险在于有可能让自己走进死胡同。基于少数虚构客户的技术与发展，是彻底进行客户体验研究的障碍。

反过来，要创业，首先要了解真正的客户体验。谁是客户或用户？他们更深层次的需求是什么？与现有的替代品相比，你如何确保客户体验更顺畅、更愉快？怎样让客户看到你的不同之处？只有在了解客户体验之后，才有必要考虑技术，最终或同时思考如何用好的商业模式将所有因素整合到商业活动中。

品牌化能有效处理相关者的利益

如今，许多不同的利益相关者都会给管理团队施加压力。他们的声音越来越大，要求也越来越苛刻，他们都想得到关注。同时，他们都认为自己有权从公司领导层获取信息，了解商业战略，得到有关任何商业问题的答案。作为领导者，你觉得必须给每个人一个答案。他们是客户、员工、股东、合伙人、零售商、经销商、供应商、舆论制造者、分析师以及竞争对手……

通常，竞争对手不在利益相关者之列，但我有个奇怪的观点：他们也是利

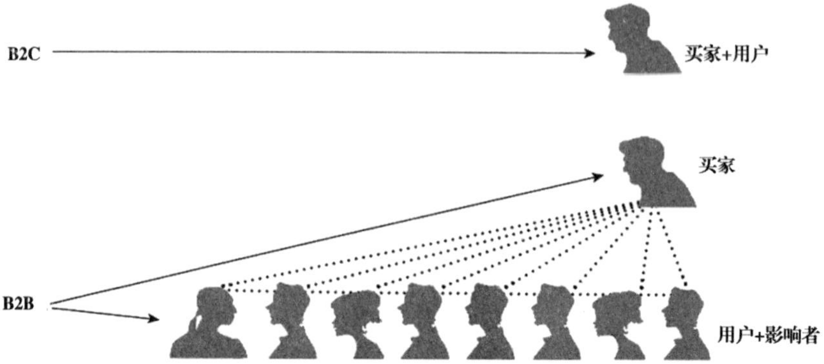

注：B2C–企业对客户；B2B–企业对企业

图 1.1　为什么品牌化在公司对公司模式的产品及服务中更为重要？

益相关者。因为你的竞争对手通常比你更了解你的业务，通过产品、服务对比，他们能让你的产品、服务或公司卖得更好。有时候，他们推销你的产品及服务方式比你和你的销售人员更有趣。为什么会这样？

这是因为，为了了解自己的业务和其独特的卖点，他们花费了大量的时间和精力研究你的相对优势。通常他们会承认你的优势，有时甚至对你的优势羡慕不已。当你迷失在纷繁复杂的信息中时，他们能够非常有效地描述你是谁，为什么你与众不同。他们的描述更迅速，也更能切中要害。当你面对众多信息，在描述中过于担心会忽略掉公司的细枝末节时，你的对手却能轻易发现你的公司与他们的公司根本不同之处。

如果你能向所有利益相关者（包括你的竞争对手）传递非常完善的管理理念，而他们可以将其记住并采取行动，那么你离成功就不远了。很少有公司能够做到这一点。因此，如果你能妥善管理公司的理念，那么就能避免很多竞争。我将在本章后部分讨论做到这一点的关键要素。

品牌化为公司进入市场提供了更巧妙的通道

以更巧妙的方式进入市场可以使公司降低成本，保持高增长率。这听起来似乎是种理想状态，但确实有可能实现。它不仅仅适用于小型初创公司，也是各种规模的公司的基本要素。这一基本要素不仅可以提高生产、物流和新产品上市的效率，而且也能使公司更有效地抓住客户心理。在营销的这个领域，存在着诸多浪费现象。

许多拥有良好产品和服务的公司无法说服人们听取他们的观点，更不用说让人们有兴趣和动力去了解更多该品牌的信息。而与此相反，有一些公司则能轻而易举地吸引客户，这些公司几乎不花任何成本就能开展业务。

Giffgaff（英国移动电话公司）是利用客户体验品牌化及有效品牌关联获得成功的有趣案例。其品牌名来源于苏格兰词语，意为“互惠互利”。这是一家由 O2 全资拥有的众营公司，O2 是隶属于全球电讯巨头香港和记黄埔电信的英国运营商。

Giffgaff 是进入市场较晚的虚拟运营商之一，但却迅速成为该领域的第三大巨头。该公司于 2009 年开始试运营，承诺低价、无合同并且对所有客户一视同仁。公司每月向客户发送信息，告诉他们如何在 Giffgaff 套餐包中省钱。作为以客户为导向的公司，其运作更像是成员行动，而非公司运行。例如，帮助其他成员获得免费电话作为奖励。你可以在“案例”（第 164 页）中阅读有关 Giffgaff 的更多信息。

品牌的关键要素——如何实施对人类思维的认知管理

对人类思维认知管理可采取的实际行动可归结为以下 5 点，做到这几点可以最大化实施对人类思维的认知管理。其中每一个关键要素都会在其他章节进行进一步阐述。你可以选择现在阅读这些章节，也可以顺着往下读，到相关章节了解具体细节。

1. **从高层次目标开始。**尽可能详细阐述你想达到的目标。你需要着眼大局或更高层次的目标；你的原因（第 3 章）或你的精神层面（第 6 章）。
2. **将其与已知事物联系起来。**考虑大脑中能做出决定的部分是如何运作的（第 4 章），并谨记它是大脑的非言语部分。

简单地说，大脑在做出决定之前提出了这两个问题：

- 我以前见过吗？是/否
- 这种体验是好还是坏？

由于大脑中能做出决策的为非语言部分，因此你需要通过各种模式到达该部分。

3. **从你的认知中创造出一种模式。**由于大脑的决策部分是非言语的，言语交流和争论对人们决策的影响并不像人们过去认为的那么大。视觉资料、活动（包括招募现有客户作为介绍人和销售人员）、流程、因果关系和其他类似手段的影响更大（第 4 章）。
4. **与个人联系。**与个人生活和工作有关的事情在人们心中产生理想看法的效率比其他方式高 70%（加贝 2015）（第 4 章）。
5. **项目预案及准备惊喜。**多使用“首次”“十分独特”“不同的方法”等表达方式。宣布会使用新奇方法，并告知消费者将收获一份惊喜，然后再将“复活节彩蛋”的盖子揭开（第 7 章）。

结论：公司要从品牌开始

事实上，品牌化更多的是战术而非战略。在本章中，我想首先打破相反的观念。品牌化应被视为成功运营公司的高级管理系统，这个系统应该帮助公司领导者或所有者确立公司以外的人看待他们的方式。品牌化还包括管理股东信息利益的方式，从而在人们心目中建立公司的产品或服务形象，并保护其免受竞争对手的抄袭和利用。品牌化也是一种促进营销，使企业更好地起步，并且能够缩短上市时间的方式。

人们对品牌的认知是创建成功品牌的关键，而成功的品牌则是公司获得更大成功的关键。认知在于设定并实现人们的期望，若期望不能满足，那么客户就无法获得积极体验。通过这种方式，品牌可以引导客户看到并体验公司希望他们看到和体验的东西。

这就是为什么我一直主张公司应该从品牌开始，最好是在建立商业战略之前，至少也要与其同时进行。品牌是建立商业战略最重要部分的基础，即与客户的关系。我所有的经验表明，如果你以商务过程中的客户因素为出发点，那么你将获得比从商业战略开始更好的结果。因此，在本书中我们将不断重复和强调客户及客户体验。

Chapter 2

关联品牌：
互联网带来的品牌化惊喜

自20世纪90年代初，互联网的进一步普及使得品牌化发生了巨大改变，这种力度至少像工业主义一样。工业化的生产和大众营销也让品牌化发生了永久性改变。互联网已成为突破性技术，如同蒸汽机之于工业革命一样。从许多方面来看，这种新的变化是巨大的，不仅仅只是通信渠道的变化。由于置身于媒体内部，所以与其他技术相比，它对社会和人们思维的影响更大，甚至改变了品牌化的信息。

最有趣的是这种变化表现出明显的螺旋性。在这种螺旋式发展中，横向来看，互联网已经将品牌化重新拉回到工业革命之前，即回到产品或服务的制造商与买方和用户之间的关系之中。纵向来看，它已经将这种关系提升到更高的水平。互联网技术不仅消除了个人关系间的限制，也创造了规模经济关系，正如工业主义创造了规模经济生产一样。

新关联品牌化带来的这种变化应得到足够的重视。它不仅体现在市场营销方面，而且体现在现代公司的运行方式上。这种变化从根本上改变了我们对身边发生事物的看法，以及对此种变化所采取的行动。从我作为商业顾问的经验来看，仍然有许多公司正在为如何理解这种范式转变及针对这一改变采取何种行动而挣扎，尽管它现在是我们商业发展中比较先进的部分。

这种挣扎就是我们需要这本书的原因：提供新视角、新方法和新方式。这一做法将渗透进公司大部分业务流程，并对公司运作的每一细节产生影响。它还会在很多方面极大改变大多数公司的管理方式。所以，让我们简要了解一下这些影响。在本书中，我们将学习如何管理关联品牌对公司结构和业务流程造成的影响。现将关联品牌化的重要特征列举如下。

意义是关联品牌的本质

如“注释”部分所述，交易品牌（transaction brands）产生于工业主义及随之而来的商业消费者文化，其重心在于给消费者带来物质利益。工业通过规模经济生产新产品，大众营销是商业整体的一部分，广告成为为消费者创造模式的一种方式。通过冷静、聪明的消费者地位及其认同，交易品牌传递的信息是高度的产品导向性、对产品或服务特征的实用主义关注，或是物质及社会满意度的结合，有时，超级消费者中的佼佼者会强化这一模式。

通过关联品牌，我们看到的是不一样的东西：寻找更深层次的消费意义。我们可以看到那些以为消费者创造意义为目标的新公司获得了多大的成功。盖伊·川崎（Guy Kawasaki，前苹果 Macintosh 执行官兼初创投资者）为企业家演讲时，他激励企业家们创造意义：

> 创造意义是企业家精神的核心和根本……那些致力于改变世界、使世界变得更美好、充满意义的公司都是勇于变革的公司。它们是注定会取得成功的公司……如果创造了意义，那么你将会盈利。但是，如果你的初衷是盈利，那么你可能不会创造意义，也不会盈利。（川崎，2004）

在他的书和讲座中，川崎解释了创造意义的三种方法：提高生活质量；将错误纠正——找出错误并修正；延续美好事物——看到美丽的事物时，不能忍受它被改变或毁坏。

关联品牌就是建立关系。正如我们即将看到的，这种关系的建立和建立友谊如出一辙。在这种友谊中，你需要找到可以分享的东西，找到超越表面的、有意义的东西。

规模经济下，互联网带来了大规模的个性化。这种个性化需要关系和友谊以促进相互承诺：“如果我购买某品牌的优质产品或服务，并忠于它，那么我希望品牌不仅能满足我的功能性需求，还能带给我有意义的东西。”不言而喻，这是当今消费者的思维方式，随后这种思维方式又被当今世界官方所提倡的生态、道德和社会责任强化。同时，对这种思维方式起到推波助澜作用的还包括人们不计后果的消耗，这导致了碳排放的不断增长，其所造成的环境污染给人们生活质量带来的巨大威胁。

意义不能向现代品牌妥协。问题是如何处理当今的情况，如何将重心从以前对便利性和质量的关注转到如何适应周遭复杂的世界，并且使这种复杂性成为公司营利的重要因素，这正是对当今公司在管理上的挑战。现在，现代品牌化可被用作良好的工具。通过了解关联品牌的本质，你将会建立一种处理当今及以后普遍意义领导力挑战的模式。

我曾经问过消费社会学家及《文化与消费Ⅱ：市场、意义及品牌管理》（*Culture and Consumption Ⅱ*：*Markets*，*Meaning and Brand Management*）一书的作者格兰特·马克莱肯，如何看待品牌化在目的和意义方面给当今领导者带来的挑战，他的回答是这样的：

我认为品牌化最大的问题是：

1. 通过品牌化来学习意义管理的旧机制：我们如何为品牌创造意义；消费者需求的意义；消费者在个人生活中确立的意义。
2. 通过品牌化了解新的意义管理，因为我们有新媒体（互联网、手机等）及更多的消费者参与模式（共同创作等）。
3. 学习如何管理复杂性。对更多人来说，新品牌必须具有更多的意义。这意味着管理者需要了解如何管理更宏大、更复杂的品牌意义。

（马克莱肯，2011）

友谊品牌化

友谊是理解和掌握关联品牌的关键。我们在生活中都有朋友，我们应该像对待自己的朋友一样对待品牌。人们对友谊有很高的社会期望——如果在朋友生日时，你忘了送上祝福，那么你就麻烦了。关联品牌化也是一样，人们对它也有很高的期望。如果你忘记关注你的客户和品牌社区，那么你就会失败。

在许多方面，关联品牌化比交易品牌化的要求更高，且更难达到。但是，如果你从私人友谊的角度而不是从商业角度来看待它，就会容易很多。

你需要时不时打电话和你的朋友聊聊天，关联品牌化也是如此。这就是发电子邮件、推特、博客和脸书等对许多人来说至关重要的原因。

我们同样需要惊喜。我们知道惊喜对友谊的重要性，任何关系都是如此。想象一下，如果一个朋友为你悄悄地准备了一场比赛或演出的门票，又或者提议跟你一起去一个你们都想去的地方钓鱼或旅行，你将获得多大的惊喜。一起完成任务，建立共同的兴趣或目标是关联品牌建立的重要举措，这跟增进友谊是一个道理。

讲故事和客户参与

如果我们关注营销理念是如何随着关联品牌化及新媒体技术的出现而变化的，会发现这种变化是非常巨大的。营销的产生是为了解决工业化带来的大规模生产问题，即如何创造一个市场来消化低成本行业生产的大批量新产品。工业化后出现的产品及不被大多数人所了解的产品需要销售市场。对消费者进行分类的新技术，如市场细分及定义目标群体，旨在严格的经济交易环境下为好的产品找到适合的消费者。

作为营销的一部分，新的沟通方式应运而生，其中包括 USP 这样的术语，即“独特的销售主张”。每种产品和服务都需要找到消费对象或使用者，并向其传递购买的必要理由。重点放在了营销第一阶段的功能、理性及其他相关要素上。由于一些产品实实在在是首次出现的新产品，消费者首先会因为其功能性而购买。随着时间的推移，产品的间接效应得到了传达。在纯交易品牌化的最后阶段，消费的重点转移到了与产品相关的生活状况或生活方式上。

到了20世纪70年代，大多数产品的广告更关注外在的生活方式、形象和地位，而不是产品本身的效能（柯士渡，2012）。一些产品仍处于第一阶段，即传播直接的有形效益，在很多情况下这些产品仍持续这一状况，这一点十分重要。这一时期，交易品牌及其产品或服务与关联品牌并存。

有时这种现象可能会令人困惑：今天的一些产品仍保持着交易品牌后期对社会地位的关注，并保持着与图像通信的联系，但是上升到了更深、更个性化和整体化的层面。它们成为复杂社会环境中象征性信号手段，不仅是被同辈人崇拜的卓越产品，一些品牌的产品甚至已经成为人们生活中的重要工具，如同在电影中使用的道具一样，可以体现客户或用户的个性。

关联品牌的未来营销重点显然在于如何使用互联网和移动设备所营造的社交网络，如YouTube、Instagram、Pintrest、Google+、脸书（Facebook）和领英（LinkedIn）。这些社交网络都是关联品牌的重要例子。通过研究这些社交媒体平台的发展，我们更容易了解现代关联品牌如何通过高水平的用户参与进行管理。

关联品牌化的核心是故事。这不仅包括产品品牌的故事，还包括创始人个人品牌的故事。尽管故事可能不尽相同，但都有一个共同部分，即创立者对品牌及公司的热情。如今，公司在创立品牌中独特的追求、使命、意义及目的比过去任何时候都更重要。

声破天（Spotify）的创始人兼首席执行官丹尼尔·埃克的经历就体现了这一点。与许多其他企业家一样，他将自己的个人品牌与他所创立公司的品牌相结合。他的个性、激情、动力和目的，以及他的整个人生，包括他的成功故事都被世人所知晓，成为公司品牌的一部分。

关联品牌营销的另一个重要方面是消费者真正参与公司业务。一些交易品牌也喜欢激发他们的客户。然而，在大多数情况下，这种激发仅限于营销领域，消费者与公司仍然保持着一定距离。而在关联品牌中，客户的参与更深入。

客户参与可以从共同创造或共同评估开始，包括产品内容的制定，就像GoPro的用户一样。脸书与其他许多社会导向型服务或应用程序，为个体提供了更深入的产品创作参与度。另一种将品牌同产品购买者、用户深度结合的方式是众筹，即用户是消费者，同时也是投资者。

Pono是众筹成功的例子之一。除录制音轨外，这种类似iPod的音乐设备，其音质远远超过任何其他同类设备。Pono在KickStarter（第一代众筹平台之一）网上的筹款创下历史纪录，许多第一次购买该产品的热心的客户也成为投资者，现在正在发布“他们自己”的产品。

传统行业，如汽车行业也为共同创作提供了许多有趣的机会。“迷你人”［迷你库柏（Mini Cooper）的粉丝］为自己的汽车上漆，给汽车打上个性化的烙印。他们定期会面、游行，这为品牌创造了很大的关注度。客户还可以充当品牌大使，热情地交流品牌最新发布的产品信息及八卦。

有时，这种互动和参与非常亲密，让人们难以弄清谁是领导者。若你的目标是管理关联品牌，那么这就会成为一个问题，因为它与源自机械的交易品牌化的按按钮方式完全不同。你需要有耐心，还需要有人际交往、人际关系及沟通方面的第六感，不过其结果从商业回报的角度来看是非常可观的，尽管其过程通常需要熟练的经验、直觉、谦虚，以及“以非销售方式达到销售目的”的技巧；其目标为创造出自由、非强迫式而又有创意的内容，从而吸引关注、创造惊喜、保持长期关系。然而，这种非强制性的管理模式会给人以极大的压力，特别是在那些需要短期获得收益的大型公司机构中。

热情的品牌大使

品牌大使是关联品牌销售机制的中坚力量。他们与传统交易品牌销售机制下的“强制性、巧舌如簧的产品推销家”形成鲜明对比。交易品牌的销售核心在于聘请销售人员说服客户接受产品的价值，就像政治家为自己的政党宣传一样。而关联品牌的品牌大使热爱自己的品牌故事，乐于抓住一切机会向大家讲述这些故事。他们通常是通过面对面对话的形式来讲述故事，而不是在演讲台上夸夸其谈。

这些品牌大使是大多数关联品牌取得成功的重要原因。也正是因为有了他们，新品牌可以很少做广告，或者甚至几乎不做任何宣传而获得成功。因此，关联品牌的主要营销任务不是强行推销自己的品牌，而是以新的方式了解客户，并且在客户中获得认同感。销售技巧变成了传统销售的对立面：更温和、更多互动和社交网络化的对话形式。在第 10 章中，在谈及销售过程时，我将阐述现代关联品牌公司是如何在内部将销售过程转变为艺术形式和业务流程的。

不断创新的重要性

创新过程是体现关联品牌与典型交易品牌差异的另一个例子。交易品牌专注于产品，并始终在其研究中悄无声息地更新该产品。

相反，关联品牌认识到创新过程是讲故事的一部分，努力保持故事的生动性，并不断向品牌大使提供新的信息。在推出全新产品时，关联品牌会利用小的、现有的创意和技术去创造新颖独特且有趣的产品，这些产品以满足客户需求为导向。设计是创造可见差异的重要因素，同时也能对充满激情和企业家精神的创新故事起到支撑作用。

对于关联品牌来说，与客户保持联系，并且通过不断改进现有产品、增加产品新功能的方式来满足客户需求比更新其现有产品更为重要。虽然交易品牌的创新过程有些“偏执”，总是试图挑战经典产品，但是关联品牌的创新过程也并不是全无压力的。

对于关联品牌来说，不断推出新产品或对现有产品不断更新非常重要。品牌关系的发展需要不断注入新内容；品牌粉丝的网络交流不仅不能弱化，还必须通过发布新闻和其他对话板块的方式不断加强；品牌故事也需要不断注入活力。这些都是关联品牌的压力所在。但是好的方面在于关联品牌的创新可以以进化的而非革命性的方式进行（尽管有时故事中的戏剧化看起来似乎有些革命性）。

对等：参与和民主

可以说，关联品牌与交易品牌的行为方式差异，在于前者与客户保持着深层次的社交关系。这些客户通常不仅局限于客户，还包括那些有助于品牌建设的人。利益相关者包括舆论制造者、评论家或博主、供应商，还有正如我们所看到的——品牌竞争者。我们可能都有过这样荒诞的经历，看到一个品牌使其竞争者的产品卖得更好。两者品牌观念中重要差异的另一方面是，关联品牌可以从其竞争公司及供应商中招募新员工。

如前所述，关联品牌的主张不同于交易品牌的主张。两者所持的态度也不同。对于大多数关联品牌来说，友谊是维持关系的方式。你将客户和所有利益相关者视为朋友或合作伙伴，开放地发展关系使品牌更加值得信赖、更真诚、更像同龄人之间的关系，从而更加民主、更具有参与度。这一切对于现代品牌来说都是非常重要的。

许多品牌建设已将绿色、可持续和责任等要素融入其中，以创造一种更深入、更投入的关系，从而达到更高的参与度。近年来，我们已经看到可持续发展在政治上越发受到认可，变成了一种标准，而且有望成为大多数品牌的一部分。我们也已经看到这些可预期的要素——可预测性、质量和可持续性——已被视为理所当然，因此它们对于体现品牌差异、促进品牌成功不再那么重要。

对于大多数交易品牌来说，这种做法十分不便、意义不大，而且也偏离了产品或服务这一核心。瑞士努瓦尔（Noir）巧克力生产商贝利西莫（Bellissimo）的故事就是一个很好的例子。在“公平交易”受到推崇的今天，贝利西莫于 2007 年起诉荷兰的一家小型“无奴隶”巧克力生产者托尼的巧克力（Tony's Chocolonely），宣称其所有巧克力都是奴隶生产的。结果贝利西莫败诉了，因为创立托尼的巧克力这家公司的那位记者收集到足够的证据支持他的辩词，而且由于无效公关，贝利西莫也失去了一些市场份额。作为传统的交易品牌，贝利西莫没有料想到产品与客户心中更关注的问题之间的重要关系。

好的关联品牌能在其利益相关者之间建立一种伙伴关系，是创造更美好世界的工具。在品牌粉丝团中创造兴趣点的原因至少是有点出乎意料及不寻常的。作为消费者，我们只是单纯地在寻找与自己理念相同的、有意义和目的的品牌，从而使自己与众不同。消费者消费的最大的驱动力之一是让自己与众不同，并且在社交上成为有趣事物的一部分。

结论：公司需要新型品牌战略

与过去100年里的任何其他技术相比，互联网和数字通信对世界和人类行为的改变无疑要大得多。管理层需要处理新范式的新方式，以及实现品牌化的新方法。事实上，新型品牌已经出现，即我提到的关联品牌。关联品牌建立在关系模式基础之上，人们在2000年左右就开始注意到它，它与专注于产品或服务本身的传统交易品牌有很大差异。

如今需要让品牌的意义这一战略工具之一变得不同起来：现在的品牌需要帮助人们创造一个更美好的世界，而不仅仅是刺激购物。关联品牌化中依然有商业因素，但品牌却远不止产品或服务。它还涉及或与生活的许多其他方面相关联，如意义、可持续性、人文主义、生活质量、包容、创新和变革。本书是这些价值观及这种品牌所打造出的新世界的指南。

Chapter 3

迎接“意外”：打造新型经营策略

正如纳西姆·尼古拉斯·塔勒布（Nassim Nicholas Taleb）在他的著作《黑天鹅》（*The Black Swan*，2007）中所说的那样，人类倾向于为那些极不可能发生的、罕见的和不可预测的事件找寻简单的解释。在第一只黑天鹅被发现之前，这个物种一直是不存在的。品牌亦是如此，在其面世之前，产品的使用方法和重要特征属性都是未知数。这也解释了为何大多数企业家、发明家和营销者都在期待“意外”的发生。这些“意外”有时是好的、积极的、有前景的。不幸的是，事实有时恰恰相反。我们对意料外的事物知之甚少，也少有讨论，而超乎预料恰恰是事物的本质。

苏格拉底有一句名言：“我唯一知道的事情是我一无所知。”奥斯卡·王尔德也说过：“对意料之外事物的预想体现了透彻的现代智慧。”这两句话对开发新型经营策略有着重要作用。品牌化发展往往出乎预料，因此我们对它的态度也应与时俱进。我们还需认识到，创立强大品牌的最佳方法是无法预见的。只有接纳意料之外的事物，才能获得真正的成功。

我们要为新事物可能带来的负面影响（就如塔勒布《黑天鹅》中的例子）做好准备。实现风险最小化是金融投资者和保险经理的事。作为品牌领导者，我们需要接受或学会爱上“意外”，以便创造意想不到的品牌。越乐于分享、对新理念越开放，越善于创新，就越能创造更好的品牌。我们追求品牌的大幅度提升，需要通过客户体验品牌化及一些积极的商业惊喜来实现。

现在，你也许觉得这是完成品牌战略的最后一步。但是这种想法不完全正确，因为这只是老式的品牌战略——交易品牌战略的最后一步。交易品牌战略属于旧机械论的、工业的、大众市场的思维，只关注基于产品或服务的品牌化发展。交易品牌战略笼统地将客户视作有明确和传统需求的目标群体，忽视了个人内心，以及个体消费者和个体用户在体验过程中传递出的深层而微弱的需求信号。

对于关联品牌战略来说，这只是一个开始。关联品牌战略是现代的品牌战略，建立在品牌自身与其客户、与其产品服务的消费者及使用者之间的独立关系上。这一战略下，品牌化的实现基于对“追求更高的目标和更深的意义”这一观念的分享及审视。产品和服务只是这个观念的部分而非全部。这意味着客户和用户也是这个品牌战略的一部分，品牌欢迎他们来分享体验感受，来共同创造，或至少是共同评估。这才是一个真正意义上迎接“意外”的品牌战略。

经营策略的新视角

这是一种由客户体验推动的新型商业和品牌策略的开端。事实上，旧的经营策略已不适用于新的环境。新策略不会排斥或否认可能出现的新事物，而会开放地接受未来的各种可能性。我们通过“摸着石头”发展商业而习得策略理念，这与传统的经营策略是相悖的。

在工业范式中，不确定性是不可接受的。经营策略的经典方法是：在行动过程中始终相信自己所有的假设都是正确的。虽然当下大多数行业的工程师都接受这样一个事实：不受客户欢迎的产品必须做出改变。但作为一种概念，经典经营策略并没有从根本上得到改变。这种策略仍然非常不灵活，而经典品牌策略还在效仿这种不灵活的模式。

经营策略的新视角来源于精益管理理念。新的视角应该被整理为一份有生命力的、不断发展的文件，这就像一个科学假说，需要作为基础反复推演。然后，将这种经营策略投入真实环境进行试验，借助真实客户和用户进行测试。这个策略必须先得到实践证实、调整和改变。

新型经营策略

新型经营策略在创办公司方面扮演着重要角色：

1. 新型经营策略的第一个作用是挖掘潜在客户和潜在用户中小部分代表的想法。这项研究被称为商业人种学或商业人类学，它基于客户体验，包含对较弱的信号和用户模式的解读。这个想法是深入研究客户和用户体验，确保它们不被企业家思维和期望的客户回应过滤掉。通过对实际情况，而非个人偏好的呈现，这项研究能得出令人意想不到的结果。
2. 新型经营策略的第二个作用就是其战略本身，通过提供产品或服务，提出一种令人兴奋的、不同的、全新的、实际的运作理念。

   这种输入显然开始于你自己的创新思维：如何利用新技术、新科学创造出比现有更好的东西。但还必须引入在第一步研究中得出的功能性、可用性、交流性等观点，以及它们之间的细微差别。下一个问题则涉及所需的资源及成本。

   因为这只是个假设，而且很可能会被调整和改变，所以它会不同于你先前所想，更加大胆和惊人。因此，从一开始我们就得到了创造一些意料之外的事物的机会。只要它保持建立在客户体验之上，且与大部分客户信号和思维模式相关即可。
3. 新型经营策略的第三个作用是试推出产品或服务，并抽样调查客户的购买和使用感受，包括询问净推荐值问题：“你会将这个产品推荐给你的朋友吗?”（我们将在第 9 章中详细研究赖克赫尔德提出的净推荐值。）

借此你可以微调或改变经营策略，使其符合重要客户及用户的体验喜好。你可以选择添加非主流使用模式或想法，或接受与用户需求相关的、看似奇葩的产品使用方式。

4. 新型经营策略的第四个作用是保证商业项目的延续性，包括如何接触潜在客户的子战略。在这一点上，你还需要为一些没有预料到的潜在客户进行调整。此步骤不包含对渠道、信息及报价的常规测试。你还可以开启惊喜项目，包括新产品、新特性、新技术、新用途、新市场、新应用，以及与其他公司和品牌的合作。当然，任命一名合格的首席惊喜官也是可取的（见第11章）。

品牌策略与经营策略的结合

在这种新的方法中，品牌战略是整体经营策略的一个组成部分，负责客户的看法和体验。这意味着品牌将始终与产品开发、销售和营销活动，以及客户体验相互作用。西蒙·斯涅克（Simon Sinek）在他2009年的TED演讲《伟大的领导者是如何促进行动的》（*How Great Leaders Inspire Action*）中已经完美地讲述了为什么、是什么以及怎么做。

这个新的品牌策略将品牌定义用于管理人们心目中的观念。首先需要了解客户或用户心中所想，同时要了解自身产品和服务相关的时事。这些工作应在制作产品、选定产品内容、决定经营策略之前完成，其中经营策略作为路线图，可以指导公司成功实现“基于用户”的理念。

要成为一名成功的企业家，第一步要了解“为什么”——了解世界发展的方向和所需的改变，并将其细化到具体的产品、服务或体验。第二步，你要了解人们对你业务产品的看法——对他们来说重要的是什么，他们需要什么，哪些方面是必须改变或改进的。基于客户需求和客户体验，就能为品牌制定经营理念和策略。通过了解人们的想法和生活环境，你将会明白如何应对现有问题和挑战，以及如何为用户创造更美好、更有意义的生活。第三步，你已经为你将来所做的事业打下了基础。无论你是否引进新的科学技术，是否懂得把从某个业务中收获的经验运用到别的业务中，是否受到生活中其他领域的创新启发，你都可以创造出能够真正满足客户和用户需求的新产品、新服务或新的解决方案。

为什么世上有些东西需要改变？若从这个问题着手，那你就占有巨大的优势，因为从一开始你就专注于那些具有更深层次意义的事物。这样你就不用纠结那些非本质的事，从而专心将自己的产品和服务与竞争对手区别开来。

当你开始关注第二步时，你可以创造一个你的客户和用户非常喜欢且乐意向别人推荐的产品。当你将你的产品或服务回归到你的创造初衷，以及更高层次的目的及意义之上，基于你的创造初衷，你的产品就有了更高的追求和更深远的意义，你也不再是一个满脑子拉客户的普通销售人员了。相较于竞争者，你更有趣，更符合客户的需求、期待和梦想。

一个年轻的企业家如何做到国际大公司做不到的事

我第一次见到乔治·爱德华兹时，他只有 19 岁。我们在伦敦吃晚饭时相遇，他的故事震惊了我。他发明了一种测量煤气罐中所剩气体的方法。在他之前，从瑞典 AGA 公司、德国林德公司（Linde），到法国液化空气集团（Air-Liquide），乃至整个饱有资金、技术和科学资源的行业，都没能做到这一点。在此之前，要想确定罐中所剩气量只能通过手提或摇晃罐子的办法，凭手感粗略地猜测。

世界各地的煤气用户都有同样的疑问：是否该更换气罐了？剩下的煤气是否足够在活动房屋、旅行房车或船上做一顿周日烤肉？由于不知道气罐里还剩多少气体，用户不得不做出两难的选择：是为了保险起见更换新的气罐，还是碰碰运气看老的气罐能否坚持到这次大餐做完？

通过挖掘煤气客户和用户的想法，并研究他们在野外露营地和轮船俱乐部的需求，乔治发现了客户的另一个需求：他的未来客户无法判断煤气罐是否泄漏。当然了，这是一个安全问题。

他开始开发技术解决方案，并在智能手机上发明了一种算法，根据个体消费者的使用模式计算并预测煤气消耗量。使用厨房煤气炉灶的用户与时不时在花园使用煤气烤炉的用户有截然不同的煤气消费模式。乔治开发的算法，依靠蓝牙将气瓶侧面的磁条信息无线输入到智能手机中。当他准备推出他的“煤气检测”（Gas – Sense）产品时，他在Kickstarter上发起了众筹活动，以筹集资金制造第一批产品。我看到名单上预购他产品的人来自世界各地。我们不难得到结论：发行任何产品都应该着眼全世界。

我们在品牌战略上进行合作之前，他告诉我一件非常重要的事情：他脑中还有四个其他的发明。他都是用同样的方法来获得这些灵感。首先，他观察并深入了解人们的想法，然后思考如何通过新途径转移借鉴其他商业领域的商业模式，并运用新科技满足人们的需求。图8.3（第80页）详细描述了初创公司品牌化的启动步骤。

不进行创新的公司，就会失败

自从克莱顿·克里斯坦森（Clayton Christensen）在1997年写下《创新者的窘境》（*The Innovator's Dilemma*）一书以来，人们已经普遍接受了这样一个观点：若公司不进行颠覆性创新，就会走向失败。

但最近，这个商业创新的模板受到了各方的攻击。首先是来自哈佛的历史学家吉尔·莱波尔（Jill Lepore），她对克里斯坦森的书和由该书产生的创新顾问及创新会议这一整个体系都存有质疑。在《纽约客》（*The New Yorker*）的一篇文章中，她将颠覆性创新描述为“恐怖时代的竞争战略”（莱波尔，2014）。接着部分学界人士也指出，不是每个受克里斯坦森称赞的混乱制造者都收获了成功，也不是所有受混乱影响的公司都走向了失败。

正如彼得·戴曼迪斯（Peter Diamandis）所说，这个讨论的成果在于发现了创新战略的普遍规则似乎并不通用。彼得·戴曼迪斯被《金融时报》（*Fi-*

nancial Times）描述为“自封的数字化颠覆领域的领袖”，且他是《胆量》（*Bold*，*Diamandis & Kotler*，2015）的作者之一。他在书中提出了一个想法：大胆的创业策略必须建立在呈指数增长的愿景之上。他通过论证得出：“线性”发展的组织注定失败。他在1996年创建了XPrise，以鼓励私人出资的太空旅行项目。不管彼得·戴曼迪斯信奉什么观点，他创办的XPrise也没能呈指数腾飞。

同时，有雄心的老板也不会总是为求生存而选择摧毁其核心业务。那些勇敢的公司，无论资历深浅，都会密切关注用户及客户发出的早期警告和微弱信号，并基于此制定具有前瞻性的政策，进行持续创新和创造。好的策略能让公司关注创新，而不是关注其竞争者。

结论：化“意外”为优势

要想摆脱对“意外”的恐惧，从容地接纳它，第一步就是要意识到“意外”的发生。我们可以从纳西姆·尼古拉斯·塔勒布和他意料之外的黑天鹅中学习到这一点。但一定要记住，通常情况下，“意外”带来的绝不仅仅是坏处。越善于接受“意外”的人，越善于将“意外”化成一种积极的管理策略，而不是一场危机。

建立战略的新方法始于品牌思维和客户导向。公司要想保证生存，必须依靠用户和客户发出的早期警告和微弱信号，进行持续创新和持续创造。要继续跟进这些信号，而不是只关注竞争或满脑袋打乱业务，这样就能引导业务创新。冒险能增加公司成功的机会，但辨别哪些险值得冒、哪些险不值得，才是成功的关键。在下一章中，我们将研究人类大脑如何运作，帮助你识别什么是有价值的风险，什么不是。

Chapter 4

品牌化思维：有关思维的新研究

在本章标题中，“品牌化思维”的表达类似于诺基亚公司的口号“科技以人为本”。它具有两重含义，一是指思维在品牌化过程中的作用（集体），二是指用个人品牌化实现思维品牌化（个人）。本书对这两层含义都有涉及。在本章，我们将讨论第一层含义，即思维与品牌化的协同合作，第二层含义的讨论将在第15章进行。

惊喜的发现

大约从2005年以来，神经科学家一直在研究大脑，以求弄清大脑的工作方式。现代扫描技术已经探测到了大脑信号，并展示了数据是如何在我们的大脑中流动的。现在神经科学家已经清楚地了解了大脑各部分之间的连接方式，以及当我们在行动和思考时，大脑的各个部分是如何协同运作的。

大脑是如何做出决定的？这个问题一直是研究的热点。在这项研究中，神经科学家好比是科技公司里的硬件专家，心理学家则是软件专家和用户体验专家。如今，他们协同工作，共同向我们展示大脑运作方式的同步视角。

在精细的大脑扫描技术出现之前，人们长久以来将决策分为两类：理性决策和感性决策。心理学家在开始研究人类思想时，假设人类是理性的生物。因此，多年来人们一直高度强调有意识的大脑和理性决策的重要性。

然而，要了解神经学研究对品牌化产生的影响，我们就必须明白：我们一直重视的言语交流并不足以引起我们大脑中决策者的注意。我们一直以为言语论证能从实质上影响决策制定，纯粹的事实和逻辑能引起相应的注意，并说服和改变人们的思想。现在从经验来看，我们知道事实并非如此。那么我们到底应该怎么做呢？

无意识的大脑驱动行为

我们常常难以解释自己为何要做某事，为何要做某个决定，或是未来我们会怎样做。这是因为我们大部分的行为，都是在我们无意识的情况下受无意识大脑的驱使做出的。这给我们从研究中得出的关于消费者行为的结论提出了很多问题。

我们通过一定的模式体验世界。独特的经历为我们建立了独特的模式，以解读世界运作的方式。我们以脑部神经网络的形式，将这些模式存储起来。由于我们的体验都是独一无二的（即使两人经历相同，体验也不同），因此我们的解读模式也是不同的。正是这些模式极大地影响了我们的行为，以及我们在做决策时对各个方面的关注程度。

我们的大脑已经进化到会不断地审视周围环境，确保附近没有生命威胁。由于这个原因，那些不符合预期模式的、新出现的或意料外的事物就会引起我们的注意（魏因申克，2011）。神经科学研究表明，对于意外事物，我们的大脑不仅会探寻，还会渴求（伯斯，2001）。我们的大脑寻找模式，并试图将这些模式与之前存储在我们记忆中的任何东西进行匹配。当模式匹配时，神经网络会得到加强，我们的观点也变得更加坚定。当模式不匹配时，大脑会重新校准并存储新的模式。大脑可以预测，而这种预测能力是解决问题的基础。

大脑皮层利用记忆来做出预测，并对比预测与现实，记录两者的差异。当我们解决问题时，大脑不是通过计算得出答案，而是从记忆中检索出解决方案，我们大脑的绝大部分预测都产生于我们的意识之外（霍金斯，2004）。

无意识的大脑做出决定

我们的大脑生来就会提取有意识的信息，并把其转化为无意识的体验。驾驶汽车就是一个简单的例子。首先我们有意识地学习驾驶，反复回想每个步骤，直到驾驶变成第二本性。这时，驾驶就成了无意识的行为，所以我们能够一边开车，一边有意识地思考其他事情。

我们无意识大脑的处理能力是有意识大脑的 20 多万倍，但它仍然无法处理我们周围世界不断增多的信息。因此，我们的大脑创建捷径，而其中很多捷径可能会误导我们（狄克思特修斯等，2009）。我们的无意识大脑完全遵循经验主义，它从过去的经验和错误中学习（霍金斯，2004）。品牌建设者和营销人员在决策时，需要考虑占支配地位的无意识大脑。

当我们需要做出决定时，无意识的大脑首先会对选项进行评估，根据评估结论产生积极或消极的感觉，再把这种感觉发送给有意识的大脑。这时我们无意识的大脑已经完成了详细的分析，并给出了行事的建议。生活中的每件事，复杂如选购汽车，简单如挑选早餐麦片，等我们有意识的大脑反应过来的时候，无意识的大脑已经分析了成千上万个变量：每种麦片的价格；每种麦片有多健康；是否认识这些品牌；以前是否吃过；如果以前吃过，那印象如何；是否看过它们的广告，以及从这些广告中得到了什么信息。

只有当选择很少且变量不多时，我们的有意识大脑才能做出更好的选择。然而，现实世界充满了太多的变量和选择，以至于我们的大脑无法储存我们经历过的每一个细节。所以，当事情变得太复杂时，无意识的大脑就会做出比有意识大脑更好更快的决定。

利用事物之间的关系

在百万年的进化过程中，我们的大脑更注重储存事件、情感、原因和影响之间的关系，而不是记忆里的细枝末节。大脑并不在乎准确性或细节，它的主要目的是帮助我们在未来做出决定，而众所周知，我们的记忆并不准确。我们的大脑里存储了很多的记忆和经验，我们一次却只能记起一小部分。而且由于大脑掌握的是事物之间的关系而非细节，所以当大脑需要细节时，它会根据其他记忆、文化惯例和主观期望来创造细节，填补空白，从而创造一个完整的故事。（吉尔伯特，2006）

对事物间联系的关注有助于我们死记硬背，比如字母表或12个月份。这也解释了为什么快速倒背字母表或倒数12个月份如此困难。对于品牌拥有者来说，记住这一点，并根据事物之间的关系而不是细节来创造营销内容，是非常重要的。有顺序地排列内容，能有效地帮助人们记住你想要传递的信息。（霍金斯，2004）

打破旧模式，创建新模式

最近的大脑研究对在危机情况下打破旧模式和引入新模式的这一想法给出了支持意见。神经生物学的研究表明，即使是很深刻的记忆，例如恐惧条件反射，也可以在记忆检索过程中通过抑制神经机制而改变或消除。这表明记忆检索阶段是一个积极的、动态的再学习过程，而不是单纯地回放先前获得的信息。（西费等，2001）

决策是感性的

神经科学家安东尼奥·达马西奥教授（Antonio Damasio）曾对那些大脑中负责产生情感的神经受过损伤的人们进行研究，他发现，除了像预期那样不能感受到情感，这些人还有另一个共同点：他们没法做出决定。

他们可以有逻辑地描述他们应该做什么，但却很难做出决定，哪怕是一些很简单的决定，比如吃什么。许多决定都有正反两面，这让我们很难理性地判定哪一个选择更好。由于没有合理的选择方法，这些测试对象就无法做出决定。在达马西奥的名著《笛卡尔的错误》（*Descartes' Error*）中，他认为我们并不是只凭大脑思考。他强调，我们的整个身体和我们的情感，在我们思考和决策的过程中也起着关键作用：身体提供了这一作用，它是心智正常运作不可或缺的一部分，因此，精神是身体的具体体现，不仅只关乎大脑。（达马西奥，1994）

达马西奥的理论强调，在我们每个人一生中，每次做出决定时，情绪和感情都起着关键的作用。他把这种引导我们做决定的信号称为“身体标记”——直觉。通过听从你的本能反应，你可以立即排除一些负面的选项，从更少的选项中进行抉择。情感和直觉在决策中的运用，甚至延伸到那些我们认为是合乎逻辑的决策上。在决策的时候，我们的大脑基于以下两个问题做出基本决定：

1. 我以前见过这个（或类似的）东西吗？——寻找一种模式。

2. 那是一次好的还是坏的经历？——进入情感记忆。

如果我以前见过这个（或类似的）东西，且是一次很好的经历，那就会激励我前进。我们人类将这种瞬间的过程称作直觉。当基本的直觉借助产生躯体标记的大脑边缘系统做出决定时，大脑的其他部分就也参与进来，帮助解读和传达决定，这包括腹内侧前额叶皮层和内侧眶额皮层：与估值、预测和经验值有关的部分（图 4.1）。

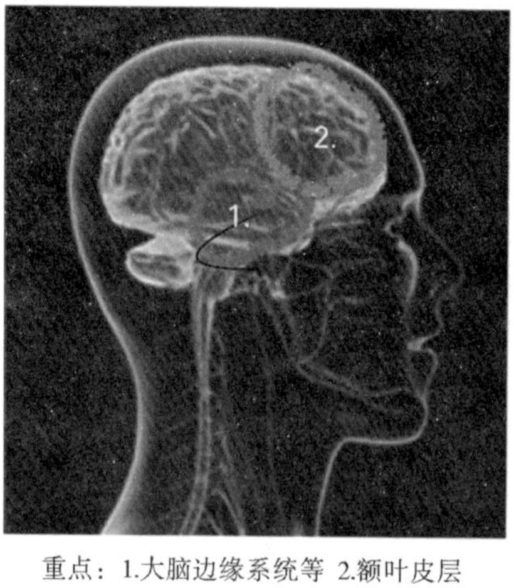

重点：1.大脑边缘系统等 2.额叶皮层

图 4.1 品牌化模式识别

这些大脑额叶存储了许多有趣的信息，诸如道德观和价值观，包括决策本身体现出的真正的个人价值。它们还记录了未来的设想、趋势和正确的最新的词汇。当我们宣布我们的决定或建议时，所有这些因素对于我们来说都很重要，它们有助于我们清楚地阐述决定，并把自己塑造成严肃而见多识广的人（达马西奥，1994）。

镜像神经元可以复制行为

模仿他人，以及受其他人非口头行为的影响，是关联品牌的重要组成部分。由此，我们可以利用对镜像神经元的研究。当我们目睹其他人执行某个动作时，这些镜像神经元以完全相同的方式做出反应，就像我们自己执行了该动作一样。

镜像神经元在20世纪90年代初被首次发现。当时一队意大利研究人员发现，当猕猴抓住一个物体，或看到另一个灵长类动物抓住同样的物体时，它们大脑中的单个神经元就会产生反应。神经科学家贾科莫·里佐拉蒂（Giacomo Rizzolatti）与他帕尔马大学的同事们首次辨识出了镜像神经元，他认为神经元可以帮助我们解读别人的思想，并与他们感同身受（法拉利等，2003）。

内置镜像反映出了我们的所见所感，这一点清楚地表明了一种重要的启动新品牌和新业务的方法：将现有客户作为参考和销售力量。Dropbox的营销就是一个成功的例子，该应用的发行既快速又省钱。

Dropbox的即时收益案例

Dropbox公司由麻省理工学院学生德鲁·豪斯顿（Drew Houston）和阿拉士·菲尔多西（Arash Ferdowsi）于2007年创办。尽管公司没有任何广告，仅仅依靠现有的客户来吸引新的客户，但它已经成功地成为领先的云存储提供商之一。尽管市场上还有其他提供云储存服务的公司，但到底是什么让Dropbox在众多入行多年的竞争者中脱颖而出呢？这是一个简单的理念：即时收益。我

们的大脑根深蒂固地重视即时收益，而忽略了我们有可能在未来获得的收益。（科恩，2005）

这就是让客户等待他们的奖励的做法经常会失败的原因。大部分利用客户作为参考或销售的公司都会犯一个错误，那就是延迟奖励，直到相关的潜在客户成为注册客户。公司都希望先获得利益，后给予奖励。但是，Dropbox 一旦收到新的潜在客户的名称和电子邮件地址，就会立即奖励他们的客户。

尽管奖励并不大，只有 500MB 的存储空间，即 Dropbox 提供的最小的服务——但当你给出一个即时奖励时，奖励大小并不重要。当然，结果是你得到了许多新的潜在客户的名字，且你能更早地从大量潜在客户中拉来生意。在 Dropbox 的案例中，事情就是这样。正因为他们的慷慨大方，他们才收到更多的回复，才能迅速发展自己的业务。大体上，人们在给出自己名字信息时，比很多公司想象的更加谨慎。这就是为什么其他客户和用户的引荐如此重要。而新的大脑研究也告诉我们，当你向市场引进新事物时，他人的推荐是多么重要。

让客户引荐朋友的另一个好处是这能形成一种行为模式。请记住，在做决策时，大脑并不关注口头建议，而是关注行为本身。在做决策时，定期联系的那些朋友会为我们提供强有力的支持。我们会研究这些朋友，从他们身上学习新的行为模式并获得灵感。上述的种种努力，会促使客户以口耳相传的形式，将你的产品或服务推荐给身边的人。这是在推出新品牌时要考虑的一个重要因素。

情感预测影响人们的判断

让我们意识到我们的决策不符合理性，甚至有时有失偏颇的，不仅仅是神经学家。丹尼尔·卡尼曼（Daniel Kahneman）因挑战经济理论中对人类理性的假设，成为 2002 年度两位诺贝尔经济学奖获得者之一。卡尼曼被大众熟知，始于他 2011 年的畅销书《思考，快与慢》（*Thinking, fast and slow*），以及他与大卫·施卡德（David Schkade）发展了“聚焦幻觉”的概念（卡尼曼，施卡德，1998；卡尼曼等，2006）。这个理论有助于解释为什么人们在估计不同事件对他们未来的影响时会犯错误，即所谓的情感预测。当人们聚焦于某一特定因素对他们总体幸福感的影响时，这种错觉就会产生。人们常常夸大这一因素的重要性，而忽视了其他的许多有更深远影响的因素。

影响人们判断的类似心理效应是锚定效应，也就是说人们倾向于根据高度重视的第一条信息（“锚”）做决定。锚一旦固定，人们就会受它影响和鼓动，以它为基础来做判断，同时它还将影响人们对其他信息的解读（卡尼曼，特韦尔斯基，1974）。其中一个例子就是为产品设定了过高的初始价格。这就制定了标准，使更低价格的同类产品看起来物有所值，哪怕价格仍然高于产品本身。

现实扭曲力场对现实的重构

当史蒂夫·乔布斯（Steve Jobs）在1972年遇见罗伯特·弗里德兰（Robert Friedland）时，罗伯特还是一个拥有精神追求的苹果农场主。他给史蒂夫·乔布斯介绍了一个叫作“现实扭曲力场”的原则。在2011版的传记中，乔布斯告诉他的传记作者沃尔特·艾萨克森（Walter Isaacson），“弗里德兰……带我领略到了一个完全不同的意识水平”。(艾萨克森，2011)

“现实扭曲力场”是心理学家丹尼尔·卡尼曼在书中提到的所谓“普遍的乐观倾向”的极端版本。他在书中说：“我们中的大多数人眼中的世界比现实世界更为和善，认为自己的能力比实际体现出的更好，相信自己选定的目标会比想象中要更容易实现。”(卡尼曼，2011)

通过创建“现实扭曲力场”，你会以此为基础重构问题，让别人更容易接受你的思维方式。史蒂夫·乔布斯在重构问题上做得非常好，他也很擅长鼓励人们从新的角度看待旧的问题，从而获得新的见解和方法，最终找到问题的解决方案。

这种对现实和重构问题的扭转在政治上已被多次使用。马丁·路德·金将公民权利的政治斗争重新构造成可实现的梦想。肯尼迪总统“十年内把人送上月球”的说法激起了听众的想象力，重构了美苏的冷战问题。通过重构问题，获得了改变人们思维方式的机会。（凯帕，2012）

大脑中的品牌算法

来自荷兰的特加科·瓦尔维斯（Tjaco Walvis）在他的《品牌头脑：让客户选择你的公司的科学方法》（*Branding with Brains*：*The science of getting customers to choose your company*，瓦尔维斯，2010）一书中，制定了他所谓的“大脑中的算法”，用于进行品牌选择，就像谷歌使用算法搜索网页一样。这个大脑算法有三个标准，指导消费者选择一个品牌而不是另一个品牌。这三个标准是：

1. **关联性**。产品或服务越独特，与客户需求越相关，被客户选择的几率就越大。品牌的关联性越高，越能与大脑中的多巴胺或奖励系统（边缘系统的一部分）产生联系，而这些系统对我们的行为有着强烈影响。
2. **一致性**。随着时间和空间的推移，品牌建设的效果越协调，品牌被选中的机会就越大。连贯一致的品牌化发展意味着在过去几年里，品牌一直在向所有的客户群体重复同样的信息。用户的大脑更容易检索到具有一致性的品牌，在客户对比的过程中，具有一致性的品牌更能战胜竞争者。
3. **参与性**。品牌为客户创造的品牌环境的互动性越强，大脑的算法选择该品牌的机会就越大。大脑为了响应互动环境，会形成大量新的细胞连接，从而提高对品牌的记忆程度。

例如，特加科·瓦尔维斯指出，阿迪达斯品牌长期以来的标语“一切皆有可能”就证明了所有上述因素汇聚在一起，可以创造一个极具吸引力的成功品牌，许多客户就会选择阿迪达斯而不是其他的同类竞争者，例如耐克。他还指出，这些因素成功地避免了一些陷阱。独特的关联性避免了“身份缺失陷阱”，一致性避免“真实性陷阱”，参与性避免“品牌淡化陷阱”（瓦尔维斯，2010）。

结论：消费者的非理性行为

我们才刚开始尝到神经学研究和现代心理学给客户体验品牌化带来的甜头。关于大脑本身，以及如何使用大脑在不同品牌之间做出选择，先前已经有过研究。显然，透过表象深入人们的头脑，探清人们进行品牌选择的规律，这是每个营销者都在追寻的目标。

新技术为我们阐明了大脑运作的过程，我们可以把关于大脑的知识转变成当下品牌建设者的工具箱。我们都知道，无意识大脑在大脑中处于主导地位，它对模式敏感，对细节迟钝；有了这个新工具箱，我们就能专注研究无意识的大脑，就能明白大脑总是在期待新的、意料之外的东西——我们可以利用这一点来创造惊喜，在满足大脑渴求的同时，确保我们的品牌从那些不懂这一点的竞争者中脱颖而出。通过学习那些有创新精神的人，比如史蒂夫·乔布斯，我们可以看到：通过以一种新的方式重构问题（或可能性），现实扭曲力场能给人们的思维带来极大的改变。

诺贝尔奖得主们向我们展示了如何利用这一机会让初始信息成为人们做决定时的精神指标。我们知道整个身体和大脑中智力最少的部分（边缘系统）比大脑的智力部分（新皮质）在做决策时发挥着更重要的作用；也知道了镜像神经元是如何让我们不使用任何言语进行沟通，就能了解别人的想法，改变别人的感觉或介绍新的行为模式。尤其是在介入、参与和扩大视觉社交网络方面，对我们帮助很大。对大脑的这一新认知，为我们采取截然不同的行事风格提供了依据。

直到最近，人们还是普遍认为品牌选择是大脑有意识地深思熟虑的结果。人们一直认为，消费者选择品牌更多的是基于品牌产品的功能，而不是产品在社会、心理或精神层面的意义。但其实在品牌化过程中，产品在社会、心理或精神层面的价值要比产品功能重要得多。这也就动摇了一个观点，即消费者的决定是理性的，品牌化等同于广告宣传。

Chapter 5

环境创新：关注用户想法带来的惊喜

GoPro 自起步起就是一个真正给人惊喜的品牌。当今世界，几乎人人的智能手机都附带优质的摄像功能，且几乎每个家庭都有单独的相机。在这种大环境下，如何才能创建一个市值数十亿美元的相机品牌？尼克·伍德曼（Nick Woodman）做到了。他 2002 年开始创业，创业之初，他白天开车四处推销 35 毫米胶片相机，晚上就睡在他那 1971 年款的大众车上。时至今日，他的 GoPro 公司已经成为全美领先的、发展最快的相机公司。

如今伍德曼的资产达数十亿美元。但谁能想到，在 2001 年时他最初的想法，只是为冲浪者制作一种用来固定相机的腕带。他到澳大利亚和印度尼西亚冲浪，以测试他的初代产品模型。测试后，他意识到他应该制造一种自带外罩和带子的相机。

10 年后，GoPro 公司研发出了市场上销量最高的 POV 相机。与最初的 35 毫米胶片相机不同，公司后来的产品能够拍摄高清的全景视频，而高清和全景已经成了运动摄影的标配。几乎所有的滑雪、滑雪板、潜水、飞行和极限运动爱好者，都离不开 GoPro 品牌的相机。2012 年上半年，GoPro 运动相机占到了美国数码摄像机总销量的 21.5%，它的随身摄像机占销量的 1/3（麦克，2013）。

基于环境，GoPro 制定了具有侵略性的营销战略和社交媒体战略；基于消费者，GoPro一路保持了技术上的领先。它在合适的时间出现在了恰当的地点，当智能手机使传统数码相机和摄像机显得可有可无时，GoPro 公司抓住了这个空当。

伍德曼在接受《福布斯》采访时指出：“消费者不会再花钱买 POV 相机或袖珍相机，因为他们的手机已经具备了这些功能。于是他们就有闲钱来购买 GoPro 这样功能与智能手机截然不同的产品。”（《福布斯》，2013）

当怀疑论者还在纠结智能手机是否会入侵 GoPro 相机的业务领域，伍德曼已经表示两种设备可以共存。GoPro 公司已经开发了自己的 Wi - Fi 功能和智能手机应用。伍德曼的设想是，找到一种方法来“帮助人们以一种吸引人的、拟真的方式记录有意义的生活体验”。（《福布斯》，2013）

现实情况也支持了伍德曼的观点。如今的 iPhone 用户已经非常习惯于随时随地拍照或自拍。而 GoPro 相机是让用户能在不损坏手机的前提下，在更多场合进行拍照，因此 GoPro 相机也成了每个冒险家必备的大热商品。有了 GoPro 相机，冒险家就能记录自己的精彩瞬间，并把它们分享给自己的同伴，或是那些渴望却不敢亲自冒险的朋友们。未来，GoPro 会给全世界的相机用户带来更多惊喜。一个品牌能否做到这一点，很大程度上取决于能否提供高质量的用户体验和能否保持品牌与环境的关联性。GoPro 的品牌化过程，属于典型的由外而内型。它最初的目标客户群体仅仅是冲浪爱好者，而现在其客户群体扩展到了各项户外运动爱好者，比如跳伞、飞行、高尔夫、登山、潜水、滑雪、狩猎、赛车、漂流等等。作为 GoPro 公司旗下产品的名字，“英雄”这个词语被 GoPro 赋予了一种新的含义。GoPro 相机帮助人们记录那些成为“英雄”的瞬间，然后“英雄”们把自己的照片和视频传到网上。这是最好的品牌营销。

也许这就是 GoPro 公司最与众不同的一点。客户和用户的参与促进了品牌的发展，完成了大部分的销售。GoPro 公司利用客户参与创建了品牌，成就了品牌。

品牌环境创新

2007年，iPhone手机的问世改变了智能手机行业的游戏规则。可当时的iPhone，并没有什么全新的独特技术。触屏技术早已存在，只是没有得到合理的应用。iPhone采用并优化了已有的技术，让它们更具娱乐性、体验性和可玩性，继而与已存于客户心中的概念形成共鸣。它达到了一些预想的效果：不仅可以通过在更大的屏幕上滑动手指直接来控制功能，还能更大、更清晰地展现图像和内容，让触屏功能的使用更加灵活。

在智能手机领域中，iPhone确实是独一无二的。但品牌及其产品与用户环境完美契合的成功案例还有很多，iPhone只是其中之一。

这就是我所说的“品牌环境创新”。这里的创新过程不符合“想象客户需求、公司研发产品、吸引客户购买”的范式。相反，环境创新始于经典的品牌化和创新研究：弄清特定用户的真正需求和热情所在。对这些客户有用的东西，对其他有不同生活但有相似环境的客户也会有用。这也是我喜欢众筹的原因，众筹是在喜欢该产品的群体中进行的对产品的终极测试。该群体不仅愿意购买，而且愿意投资。

摒弃过时的品牌化思路

如我所说，我多年来教的和做的恰恰相反：经营策略（包括产品理念或服务理念）第一，其次是品牌战略。我先前将品牌战略视作一种辅助的支持策略，但后来我才意识到自己一直在用传统的、以营销为中心的眼光看待它，认为品牌的作用仅仅是包装和销售产品。这是纯粹的交易品牌，价值主张和品牌故事都包含在品牌战略中。而在实践中，一切都违背了我的经验和发现：事实上品牌化和品牌本身才是公司战略及创新的关键。

我终于从之前的认识中清醒了，因为我看过（并参与了）太多失败的公司，它们要么是做一些计划外的事情，要么是纯粹靠运气在别的领域取得成功。然而，在大多数情况下，这些公司都不会取得成功。它们失败得安静而彻底，从此创新的雷达上再无它们的身影。公司失败的原因当然有很多，但主要原因是不解决潜在用户或客户的实际相关需求。如果某样产品卖得好，那公司的许多其他问题也就迎刃而解了。

这种洞察力是基于多年来建立关联品牌，以及应对互联网发展给品牌化性质带来的巨大变化的经验。我见过很多品牌成功的例子，它们的成功靠的不是创始人规划好并强推给用户的东西，而是通过确定新的方向，并满足人们生活中和思想上的实际需要。通过这种偏离最初想法的意料之外的转变，品牌可以获得巨大的成功。

所有这些赋予了我洞察力，我终于可以摒弃过时的品牌化思路，转而拥护那些能在这个关系驱动的新世界中取得成功的力量。与这些力量合作，而不是对抗，只是我不得不开始打破常规。

变化的激励

我意识到每件事物在起步时都是恼人的：有些事物需要被改变、被解决；有些事物若不加以保护就会丢失；有些事物需要被扭转，才能变成新的、不同的事物。这种变化、重塑、修复和保存，往往都是受到已经发生的变化的激励。假如某事需要被做，却还没被做，每个人都会联想到品牌环境创新的惊喜效应，并且不禁思考：为什么以前没有人这样做呢？

变革迟迟不来，有时是因为技术还未达到。技术常常是大规模变革的驱动力。科技总是直接或间接地带来文化和行为的变革，这些社会和文化变革进而又推动我们生活的变革。我们知道，数字技术和互联网技术在很大程度上改变了我们的现代生活。不夸张地说，这种改变是非常彻底的。科技改变了我们的行为方式，改变了人与人之间的关系，而这些变化反过来又极大地推动了生活和商业环境的变化。

如果我们熟悉某个产品、服务、想法或经验，或者发现它与我们之前熟悉的东西相似，并且对它有正面的印象，那我们很可能会把它重拾，买下并使用它。找到解决生活烦恼的办法同样重要。即使没有经过测试，我们购买这种解决办法的可能性也是很大的。只要问题最终能被解决，那么单纯认识到问题有时就足够强大了。

我们的传统创新体系

传统上，我们的注意力和信仰体系都在以难以置信的方式推动创新。早在对客户体验、客户需求、客户偏好、客户愿望或客户想法认真研究之前，被技术激发的企业家所推动的创新可以被视为是成功的。

由于缺乏对客户需求的尊重，以及对客户所处的世界环境的理解，导致了太多有潜力的风险项目的失败和大量的金钱与人力的浪费。施克尔·高希（Shikhar Ghosh）最近的研究表明，风险资本家每投资四家初创公司，只能从一家成功收回投资成本。事实上，根据高希的研究，如果将失败的定义延伸到未能在指定日期到达指定的营业收入增长率，那么超过95%的初创公司都是失败的。（加奇，2012）

如何进行品牌环境创新

如果想在某一产品服务类别中创造一个捣乱者或规则改造者，我的方法是：关注真实用户环境中的用户需求，并据此量体裁衣地打造商品。

让我们来看一个例子：如何在数字平板电脑市场中创建一个环境创新的新品牌。

1. **发现不同的用户环境**。首先我们需要在现存的不同的用户环境之间寻找、探索和创建联系。在数字平板设备的例子中，我们已经了解了一些专业人士和消费者的典型情况，也了解了一些行业（比如飞行员）的使用需求。我们还看到了服务领域对平板设备的需求，比如用户希望在路上值机或点餐，而不是亲自到柜台办理。我们注意到，很多消费者喜欢用平板电脑和iPad来控制家中的各种设备。很多品牌在智能家居领域都取得了成功，比如有着家庭自动化系统的 Sonos 和 Nest。因此，我们需要继续探索新的用户环境，关注现有的用户环境。

2. **了解用户的想法**。接下来，要与那些有趣的用户群体代表会面，收集他们传递出的微弱信号，并利用识别模式来识别用户的模式、群体和见解。然后，我们可以利用用户的这些见解，为平板电脑制定一个或多个符合环境的理念。在这里，我们使用了人类学和人种学的研究方法，观察并轻微引导受访者，到我们想要调查的环境中去。我们要对用户的自由联想保持敏感，并仔细接收任何的微弱信号，这样才能发现尚未开发的潜在需求。在竞争对手还没有意识到的时候，我们已经在研究用户的想法了。在某种需求尚未被公开表明时，我们已经在寻找它的蛛丝马迹了。

3. **设计产品或服务**。然后我们要将现有的平板设计技术与详尽、细化的用户环境进行匹配，以设计不同的平板版本。接下来就是针对选定的用户环境制造样机，创立品牌，包括产品名称、实物设计和用户体验设计。最后，我们回到用户中进行产品测试，并根据用户需求进行改进。

当然，这一过程是以像 GoPro 这样成功的技术公司为蓝本的：结合用户特定的生活方式和具体情况，发现产品使用的不同环境，解决不同的问题，满足不同的需求。在 GoPro 运动相机的案例中，针对冲浪、跳伞、飞行、滑雪、潜水、帆船等运动设计的、有保护系统的高清摄像机，开创了新的业务和新的品牌。

在平板电脑的例子中，开创新业务和新品牌的，也许是与 GoPro 类似的东西，也许是一款定制应用程序带来的非凡用户体验，或者是一种真实与虚拟的结合。Parrot's Bepop AR Drone3.0（一种用 iPhone 遥控的四轴飞行器）采取的就是真实与虚拟结合的方法。该产品的特殊处理器一头连着平板电脑，另一头连着其他设备——无人机和 Occulus Rift 3D 头戴耳机。该公司还制作了一个先进的应用程序，专门服务于这款配备高清摄像头的、可超远程操控的全新四旋翼无人机。

这些例子向我们展示了如何应对品牌环境创新所带来的挑战。

结论：环境创新是客户体验品牌化成功的关键

对客户体验品牌化产生巨大影响的创新，大多数源于把框架作为开发工具的环境创新。通过打破传统的思维模式，引入新的框架，环境创新可以成功地推动品牌化创新。

重构问题需要努力、专注和实践，它能让你以崭新的眼光看待周围的世界。通过从行动上或心理上改变观念，通过从别人的角度看世界，通过多问几个“为什么”，你就能练习重构问题。总之，这些方法能增强你的个人能力，让你在面对品牌化带来的挑战时，做出更有想象力、创造性和创新性的反应。

Chapter 6

四维品牌：
为客户创造“意外之喜”

我最早提出四维品牌的概念是在2000年，后来写了一本书《四维品牌：破解网络社会的公司密码》。目的是要证明，在全新的、网络驱动的社会中，成功地让品牌脱颖而出不仅只是与功能维度相关。功能维度关注的是产品或服务，及其品质、性能、设计、包装、配料、制造技术或方法。四维品牌也关注功能维度，但更关注其他三个品牌维度：社会维度、心理维度和精神维度。

社会维度把品牌置于社会环境中。将品牌与社会群体结合起来，并以该社会群体作为身份参考，其中包括人名和身份地位。

心理维度对品牌起着个性化解读的作用。由于品牌一直被个体所认知，每个人对品牌都有自己的解释。就像耐克的广告语“想做就做”（Just Do It），对每个人而言，意义都不一样。

最后，精神维度层面涉及很多的方面。它与宗教无关，其更多地涉及品牌、产品及其服务对社会、环境、气候与人类发展的影响。积极参与并为这些全球重要议题做出贡献，是人类的责任，也是公司的责任。所以现在公司的社会责任心也变得至关重要。简言之，精神维度涉及目的和意义。

品牌思维空间

我们可以通过模型（图6.1）来了解，成功的品牌如何借助四个维度让自己脱颖而出。它们扩展了我所说的品牌思维空间：品牌在人们思维中所占的空间。我将之形象化地比喻为孩子们手中玩的黏土。你可以根据自己的喜好尽可能将之延展，当你收手时，它们又缩回原来的尺寸和形状。这就是我看待品牌的方式：你必须将它在四个维度上展开，使其占据人们思维中的空间。

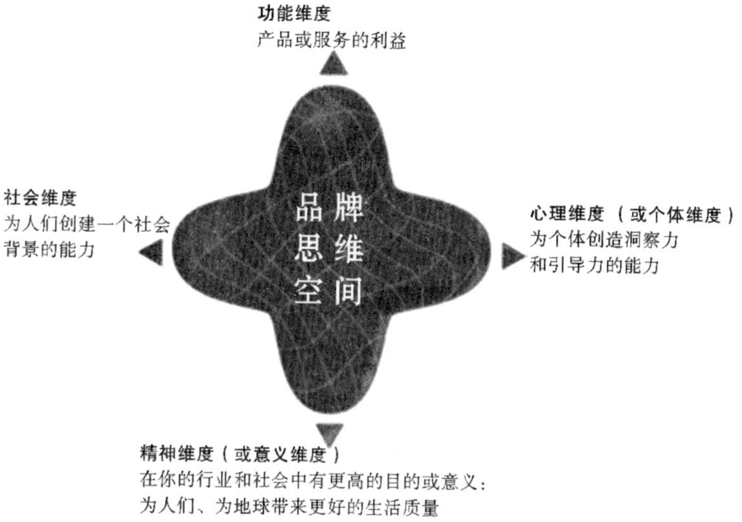

图 6.1　四维品牌思维空间模型

我们可以更深入地研究这四个维度，并将其与品牌化的发展联系起来。由于品牌化的主要原因是创造需求以出售产品，因此，这种类型的品牌化总是在推销产品的独特优势。即所谓的独特销售主张（USP）。

1961 年，罗瑟·瑞夫斯（Rosser Reeves）在《实效的广告》（*Reality in Advertising*）中提出这样的主张：

1. 每一个广告都必须给消费者以提议。不只是文字，不只是吹捧产品，不只是橱窗广告。每个广告都要对读者说："购买这个产品，你会得到特别的好处。"
2. 提议必须是竞争者不能或没有提到过的。它必须是独特的——要么是品牌的独特性，要么是别的公司在那个特定的广告领域从没有涉及的提议。

3. 这个提议必须非常有说服力，才能打动数百万的客户，才能吸引新客户购买你们的产品。（瑞夫斯，1961）

这就是我所说的品牌功能维度，或者产品维度。如果产品真的与众不同，品质优于同类产品，那突出其独特的销售主张便能起到很好的作用。但今天，在我们很难发现与众不同的产品时，我们显然还需要新的品牌化理念。这种相似性带来的困境在谢尔·诺德斯壮（Kjell Nordström）和乔纳斯·瑞德斯卓（Jonas Ridderströle）合著的《放克公司》（*Funky Business*）一书中得到了很好的阐述：

剩余社会有类似的很多公司，雇用相似的员工，他们有相似的教育背景，从事相似的工作，提出相似的想法，生产类似的东西，具有相似的价格、质保和品质。（诺德斯壮和瑞德斯卓，2000）

所以必须做点什么来改变这样的现象。早在1955年，现代广告鼻祖大卫·奥格威（David Ogilvy）就提出了一个大胆的想法，引进了品牌形象的概念，他认为“每一个广告都必须有助于理解品牌形象这一复杂符号”。

因此，我把这种品牌建设称为四维品牌模型中的社会维度。这与品牌社会形象相关，是一群志同道合的人对品牌的认知。从这个维度上讲，社会地位和社会形象是必不可少的驱动因素。

与社会维度相反，但又互补的是心理维度或个体维度。个体维度指个人与品牌的关系。它充分利用品牌是个体认知行为，所以同一品牌对于任何两个个体来说，都不可能完全相同这一事实。由于我们所处的社会在许多方面越来越个性化，因此创建个性化的个人品牌意识变得越来越重要。特别是在关联品牌倾向于与客户建立更亲密的关系时，品牌的个体反应机制变得越来越重要。我们将在以后的章节中更深入地探讨这个问题。

四维品牌模型的最后一个维度是精神维度或者意义维度。这个维度强调了为充分发挥品牌潜能，今天的关联品牌必须实现的另一个重要需求。品牌必须明确责任，参与社会。这样一来，公司拉近了与那些对人们来说非常重要的大事的关系，而不只是仅仅为人们提供高质量的功能产品或服务。把品牌放在社会“大图景”中，利用营销手段来让世界变得更好，这样的做法是非常重要的。今天，这一责任与任何公司都息息相关。

今天，这个“大图景”包括紧迫的全球挑战：气候变化和环境问题、不平等和贫困问题、重大疾病（艾滋病毒/艾滋病、霍乱、疟疾、癌症）、不道德的生产和贸易、暴力和恐怖主义。我更愿意把品牌发展称为可持续的品牌化发展，也许这只是冰山一角，正如约翰·格兰特在他2007年出版的《绿色营销宣言》（*The Green Marketing Manifesto*）这本书中所写的：

> 我们可能只是冰山一角，但我们的工作很重要，因为我们所做的一切都引起了公众的注意。我们在公司和政府发展的背后，努力满足人们的生活需要。我们是推动变化的部分因素，所以大公司会承担责任，会有新产品和服务的发明者，文化变革活动开始兴起，新商业（和非商业）模式能繁荣发展。我们可以调动公众的热情。这就是越来越多的公司和政治家会涌入这个领域的原因。不仅因为这样做是正确的，还因为这是明智之选。（格兰特，2007）

从品牌的角度来看，上述讨论的政治正确性已经失去了部分吸引力。从根本上来说，品牌需要把自己和其他竞争者的品牌区别开来。然而，由于之前关于精神维度的阐释已经被几乎所有人接受，对更好生活的需求不再有太多争议（因此没有潜在的区别）。保护环境、关注气候变化的责任、符合道德规范和负责的行为、消除贫困和全球重大疾病等，都是我们想要去做的事情，尽管政府必须起带头作用，但所有的公司也必须为此做出贡献。

相反，为了突显品牌，更接近真正的个人兴趣，我们需要借助其他的办法来构建精神维度。这些问题更加个人化、情绪化和心理化，都是人类普遍关心的问题，必须加以解决，才能创造一个更美好的世界。这实质上事关更好的、

“更深层”的生活品质。

改变世界是很常见的主题，也是大多数企业家的动力。这一目标不仅驱动他们最初的冒险行为，而且在成功、富有之后，企业家们往往更关注“修正世界”。当他们以企业家的精神亲自动手纠正错误，让一切变得更好的时候，他们其实是在用新技术和方法来解决老问题。

在这个数字化、互动、透明的时代，通过品牌的四维化，公司有很大的潜力来践行其经营理念、发挥其主观能动性。而扩展品牌四维空间，在品牌中运用多维度的方法，则能将自己与竞争者区分开来。当你的品牌在消费者的头脑中占据更多空间时，你可以在品牌和客户之间建立更稳固的关系、更深层次的联系。

同时，也为发展你的关联品牌创造了更多惊喜。

四维品牌作为惊喜制造者

四维品牌模型和品牌思维空间不仅能有效地建立关联品牌，而且是实在的惊喜制造者。在你试图寻找惊喜来促进品牌关系时，四维品牌思维空间无疑是理想的战略工具。在商务人士坐下来试图创造惊喜时，他们最大的问题往往是思维的一维化。

举例来说，如果其他三个维度有很多制造惊喜的机会，你还坚持简化过程，拘泥于产品开发和功能维度，这就是一种遗憾。功能维度是四个维度中最简单的，这也是其劣势所在，即便你取得了成功，你的做法也很容易被竞争对手效仿。相反，如果强迫自己去另外三个维度寻找惊喜，你将会发现更令人兴奋的区别。真正的惊喜往往伴随着真正的破坏。如果你能在社会、心理和精神层面创造有效的惊喜，你就能不断加强品牌与消费者的关系，这一点我们将会在下一章提到。

惊喜的四维创造工具

在开发品牌用系统的方法来创造惊喜时，你必须牢记，产品和服务为满足特定需要设定的目标越多，你的营销才会越成功。客户希望获得惊喜，因此你要满足他们的需求以及内心的期望。

成功的新型公司或初创公司通常被视为具有破坏性，而破坏原理是对预期发起挑战。首先，你必须确定现有客户的需求和相关期望。然后，对他们的期望发起足够大的挑战，以产生一种期望被打破的感觉。这主要依靠惊喜的数量来衡量，被称为“哇”效应。

有了这个惊喜指数（图 6.2 和图 6.3），你可以评估你的初创公司是否能以足够的颠覆性惊喜成功占据人们的思维和市场空间。惊喜指数同时也是系统性创造惊喜的重要工具。

四维品牌思维空间是惊喜指数的支柱，你可以使用相同的四个维度来开发成功的惊喜。惊喜指数的探索可以开始于你喜欢的任何维度。传统上，大多数公司都是从功能惊喜开始（并且不幸地一直保持着）。功能维度也是过去的交易品牌所考虑的唯一维度。

当然，任何品牌都需要不时推出新产品，但是以更开阔的视野来看待产品的真正意义，可以让我们在社会惊喜中寻找灵感的做法变得更加有趣。你如何能以令人惊喜的方式把网络理念引入到新的品牌产品或概念中去呢？苹果通过苹果商店（iStore）、苹果支付（Apple Pay）以及现在的苹果音乐（Apple Music）做到了这一点。把你的业务类别中的不同部分联系起来，可以创造出一种全新的、具有颠覆性及首创性的产品。

为什么不利用精神上的惊喜呢？它与个体客户的体验及品牌的关系相关。优步（Uber）以其个体感知功能，在这方面为我们树立了好榜样，首先让客户感到惊喜，然后一次又一次感受到快乐。

最后，但同样重要的是，精神层面的惊喜强调巨大的变化。你可以考虑通

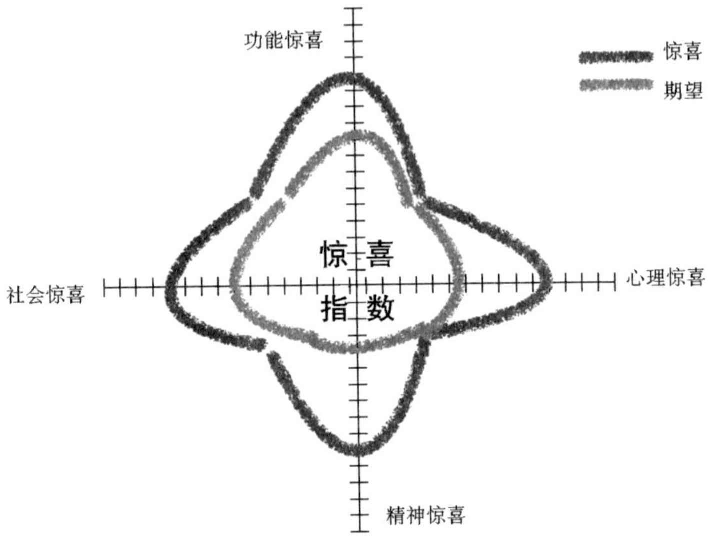

图 6.2　**惊喜指数：用品牌思维空间模型助推惊喜超越期望值**

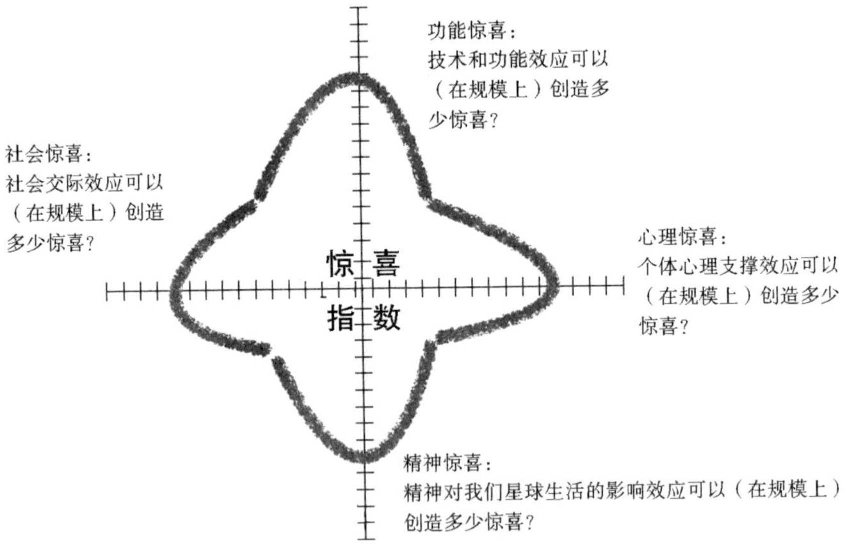

图 6.3　**惊喜制造器：用惊喜指数测出惊喜值**

过发展雄心壮志、尝试提高生活质量、纠正错误或防止好现象消失的方式，仔细思考你的公司或业务范围的颠覆性潜能。

结论：品牌延伸创造惊喜

品牌从四个维度延伸，以占据客户思维空间的理念是非常自然和动态的。这种延伸是贯穿品牌发展历程的连续过程，可以通过在每个维度中创造惊喜来实现。惊喜指数可以被用来进行有效且系统性的规划，并不断地创造新的惊喜。

用这四个维度作为激励工具，有助于提醒品牌经理关注所有维度，从而创造惊喜，这不仅是为了改变，而且是为了要涵盖品牌所有重要的方面。通过惊喜指数，你可以评估品牌在每个维度中可以达到的期望水平，以及要创造一个与预期水平相关的惊喜效果需要多少惊喜值。这将在下一章进一步详述。

Chapter 7

复活节彩蛋效应：造就预期的惊喜

每次得到一个彩色的锡箔包裹的复活节彩蛋，我们都知道里面是什么，不是吗？然而，在打开包装看到期待的东西时，我们仍然会感到惊喜和兴奋。同样的效果也会发生在圣诞节礼物或生日礼物上，虽然我们并不是每次都知道包装里面是什么。

我们用语言表达的预期（通常是大声的和果敢的）根据我们负责情感关系的半脑（边缘系统）所产生的惊喜模式差异而有所不同。但最重要的问题是，我们为什么总会感到惊喜？

到底什么是惊喜

惊喜是一种短暂的心理和生理状态。它被定义为一种由意外事件引起的惊吓反应。惊喜可以是正面的，也可以是负面的，甚至是中性的，这视具体情况而定。愉快和不愉快的惊吓，可以有不同的强度，可以引起一个非常温和的反应，甚至出现或战或逃的反应（卡斯蒂，1994）。我们通常通过以下特性来表达惊喜：

· 扬起眉毛，使其弯曲和扬高

· 前额出现横向皱纹

· 睁大眼睛，通常会露出虹膜周围的眼白

·瞳孔扩大或缩小

·嘴唇和牙齿分开，下颌下垂，嘴巴周围无张力（伯贡和哈尔 1988；埃利斯，1981；艾克曼和弗里森 1975）

然而，我们表现出无意识下的惊吓的时间通常不超过一秒钟。随之而来的，可能是喜悦、恐惧或困惑。虽然许多人将嘴巴张大的程度作为衡量惊喜的标准，但是在某些情况下，它可能根本不会张开。人们受到惊吓最显著、最普遍的标志可能是眉毛的抬升。

惊喜效应理论

理解惊喜就是理解幽默。幽默的本质在于两个因素：关联因素和惊喜因素。为了产生幽默或惊喜，首先需要呈现一些观众熟悉的或与之有关的东西。通过这些相关因素来唤起听众的熟悉度，让他们觉得自己了解正在发生的情形，并知道接下来会发生什么。幽默来自给观众展现一个他们没有预料到的突变情况，或者以一种意想不到的方式解释当时的情况。这些突变情况和出乎意料的解释就形成了可以使人们感到惊喜的因素。（赖岑施泰因等人，2006；卡拉特，2009）

人们倾向于遵守一系列规则，而惊喜就与这种倾向有关。当现实中发生的事件不遵循这些规则和模式时，其结果就是令人惊喜的。照此来看，惊喜可以被认为是我们所期望的和实际发生的事情之间的区别。

然而，惊喜并不总是意味着违背预期或在预期范围外的行为。事先商量过后的惊喜也可以是对我们所期待和渴望的事物的肯定，或是一种在预期范围内的行为。事实上，积极的、有效的行为更容易造成惊喜。消极的违背行为则会降低惊喜程度。比起一张停车罚单，我们更愿意收到一张惊喜派对的邀请函。作为品牌负责人，我们要利用积极性惊喜的力量来提高自身的可信度和实力，增强我们的吸引力和说服力。同时我们也要避免会降低这些品质的负面惊喜。

惊喜有时被称为“哇”效应，它标志着“被破坏”后所产生的结果，这是当今商业中普遍讨论的概念。许多成功的公司已经打破了它们业务领域的现行模式，而且在很多情况下，它们的成功也基于此。（席尔瓦，2009）

惊喜更深层次的心理影响

惊喜是神经系统发出的一种强烈的警报，它告诉我们在这一刻我们必须注意一些重要的事情。它截断了我们的认知来源，并将其拉入到这一刻来。这可能会让有些人感到不舒服，但也很令人兴奋，因为你的注意力完全集中在这一刻。惊喜会使人在生理上僵住 1/25 秒（露娜和伦宁格，2015）。之后，惊喜通常激发大脑中的某些细胞，它让我们在感到惊喜的过程中产生极大的好奇心，想知道到底发生了什么。

接下来就是一个转变。惊喜可以迫使你改变你的观点，改变你看待事物的方式。这种“破坏”作用是惊喜的一部分，是它让我们思考：“我没想到会有人让我如此惊喜，现在我刚刚体会到了他所带给我的、这个让我开心的惊喜，我现在得改变对这个人的看法了，甚至改善我们的关系。”

当我们感到惊吓时，无论是好的还是坏的，我们的情绪都会增强两次、三次，甚至更多。如果我们为一些正面的事物感到惊喜，我们会比没有惊喜时感到更加强烈的幸福感或快乐感。而这种强烈的惊喜正是对与人和品牌的关系产生积极影响的更为重要的因素。这也就是为什么惊喜对于今天的关联品牌如此重要。

品牌的惊喜有两个方面：接受惊喜，并策划惊喜。你不仅要着眼于如何创造惊喜，还要锻炼你的大脑使其自然地接受惊喜。我的意思是要在面对具有不确定性、模糊性和变化性的事物时感到自然和舒适。最近，这种惊喜准备技能已经成为我们所有人的一项非常重要的技能。这在我们的数字媒体界是比较明显的，因为我们要学会如何安排或策划惊喜。这些惊喜可以很容易地引起人们的关注，并给他们带来喜悦，从而使人们好奇你的品牌到底可以提供什么东西。

期待——惊喜的基础

我们都知道等待那些激动人心的事情发生时的感觉。这种感觉可以占据你的思想、填满你的心灵。无论是个人庆典还是你一直期待的某种产品的发布会，仅一瞥或是一点提示，都会让你更加渴望得到它。

但这些期望不仅仅是用来提供价值，否则它们也不可能存在。如果你的品牌产品是很稀缺的，那么最后的惊喜效果将大大增强。一些营销人员善于将预期和稀缺与承诺结合起来，这个承诺就是虽然大多数人不相信他们会倾心于这个产品，但他们最后会发现自己做了错误的判断。但伴随着警告的承诺，比如“现在就报名，否则就太晚了……”和“只有500个名额”总是诱人的。这种期待随着时间而建立，引出了一直驱使着人类的竞争精神。满足期待之前的等待，使人们担心他们会得不到一直等待的东西。这反过来增加了他们时间和金钱的耗费，以便能在产品发布时第一时间得到它们的欲望。

利用预期来建立你的品牌、提高你的商业知名度，可以让你觉得自己在操纵你的客户和用户。但是，如果你运用了第3章中讨论的商业民族志策略，就会了解你的客户和用户未满足或未说出的需求是什么。你只需要按照承诺满足这些需求，以便通过客户期望来创造价值。如果你的客户一直在期待产品拥有某一个理想的特性或功能，你可以向他们确保这个特性或功能会在下一个版本中呈现。

但是注意谨慎使用预期效应，确保你永远不会向客户许诺你不能及时交付的东西。预期效应可以吸引新客户，巩固现有客户的信任度，并扩大你的品牌价值。

客户幸福感的其中一半来自惊喜

当我们谈到幸福和感到幸福的原因时，常常会去关注那些可以带来幸福感的事情，但是要在事件发生前对它进行预测，事件发生后对它进行记忆，这样的话，我们所感受到的幸福至少和这个事件本身能带给我们的快乐一样多。幸福不仅建立在行动的基础上，它还建立在期待和记忆的基础上。这就是如果各大公司和品牌想给客户带来真正的快乐体验，就必须让客户保持由期待和记忆所带来的幸福感的原因。

事实上，密苏里大学教授玛纱·里奇斯发现消费者可以在购买的预期阶段得到比在采集阶段更多的乐趣（里奇斯，2013）。作为品牌拥有者，你可以通过逗趣、诱惑和款待客户的方式，来最大化地利用这种期待阶段中的乐趣。

正如一部人们期待已久的电影预告片，在看电影之前它就使人们产生了期待，所以各大品牌必须通过透露新产品的信息来吸引客户。通过让客户增加对于你的品牌和所承诺的产品或服务的了解，你也可以用一些他们不熟悉或者意想不到的事物来吸引他们。接触新事物和与众不同的事物，会增加一个人对这件事物的喜爱程度。（扎伊翁次，2001）

你也可以把你的品牌产品作为一种犒赏，一种对别人所抱有期待的奖励。这可以通过产品有限的可用性来实现，比如人们会更期待季节性的水果和食物。另一种使产品成功销售的方法是一种有声的做法，即让你的产品成为人们每天随时都能享受的东西。亚马逊有声图书公司就展示了正确的做法，从每日通勤到日常琐事，他们为客户提供了一个机会，使其可以享受选择的有声书带来的乐趣。

当预期阶段结束后，就开始了购买阶段，这一阶段最好的做法是通过互动让客户满意，并增加客户的幸福感。通过干预和引导客户感到满意和幸福，可以提高你的客户体验，并为你的品牌获得更大的忠心和真诚。但引导你的客户让他们感到满意和幸福的过程是很棘手的。人们很容易分心。一种身临其境的切入点，以及清晰、直接的指示和结果，可以鼓励客户沿着正确的道路前进。

在你为客户提供了满足期待的喜悦和令人满意的客户体验之后，这些体验感决定了客户是否会做回头客，是否会把你的品牌在朋友之间进行宣传。但问题是，记忆并不能完美地呈现我们的经历。因此，在你的品牌产品使用过程中获得完美的用户体验，是客户带着他们的朋友回头购买产品的关键。

丹尼尔·卡尼曼在TED演讲大会上发表演讲时，说“结尾是非常非常重要的”（卡尼曼，2010）。结尾支配着一个人对整件事情的记忆。新版的“春天纽约”（Spring NYC）购物应用程序中，首席执行官的一封电子感谢邮件和一封来自“春天纽约”团队成员的手写感谢信展示了如何让客户的购物阶段完美结束。记忆阶段也是带来新惊喜的好时机。不可预测的意外事件比预料中的事件更容易让人记住。每当你跟客户提起你的品牌、产品或服务时，就会给客户创造一段新的记忆。在你的品牌建设中，要不断考虑如何提醒客户你可以为他们提供的利益，并强化你的优秀品质。

情感不仅与品牌有关，还要通过了解是什么创造了幸福感，来营造一个积极愉快的客户体验方式：不只是传递客户所期待的东西，还包括对传递过程的期待。通过扩大我们对客户体验的视野，包括销售之前和销售之后的用户体验，我们开拓了创新客户体验的新的可能性。

从需求入手，建立信任和预期机制，然后再传递惊喜

遵循上述路径，你开始设计品牌策略，考虑你的产品或服务的市场在哪里。几乎所有的产品类别都有我们意想不到的客户，所以最好要考虑得比你想象中要更广泛、更全面。失去潜在的用户比接触到更多的客户要付出的代价更大。在每次的交流会中，在每次选择媒体观众的时候，问一问这样做是为了谁。是为了你的现有客户还是潜在客户？是为了现有雇员还是潜在雇员？是为了你以前的商业伙伴还是今后的商业伙伴？

做出承诺，让客户相信你可以保持并满足他们的预期需求。为了建立对彼此的信任，你需要满足他们期待，而期待总是要和他们的需求一致。然而，正如马斯洛在他的需求层次结构中显示的那样，这些需求对于不同的人来说也是不同的（图7.1）。

这种需求层次结构在大多数决策情况下都适用。例如，当你买一辆车时，

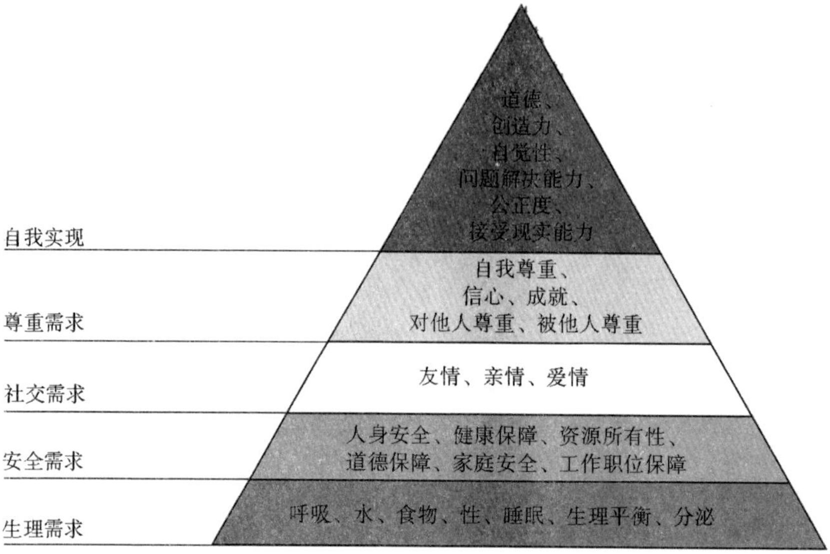

图 7.1　马斯洛需求层次理论

你会买一个安全系数高的（“安全”），还是买一个你所有的朋友都有的或者喜欢的（“社交”），或是买一个让你自己感觉良好的（“尊重”）？

正如你会基于自己的基本需求来做出购买决定一样，你的客户也是如此。但是否存在一种需求操控着你的市场？在你的目标市场上，是否有更多的人想要“安全”而不是“尊重”？是不是更多的人想要一种“社交需求”？这些是你必须要知道的。当你了解这些时，就要通过满足客户的预期需求，来专注于提供足以让客户产生信任的证据和惊喜。

复活节彩蛋效应

显然，在品牌化方面，我们对创造积极的惊喜效果更感兴趣。提出系统的、正面的惊喜已经成为一种全面建立现代关联品牌的最重要的战术之一。许多人都认为，制造源源不断的惊喜是很困难的，何况还存在着惊喜疲劳的问题。

首先，让我们来谈谈许多人在制造一系列惊喜时遇到的困难，每个品牌每年都想要给客户创造一个大惊喜。事实上，如果你只专注于做这件事，那么创造一系列的惊喜就没有那么困难。但我们首先需要了解的是：什么是复活节彩蛋效应？

我得出的结论是，需要为所有客户做两件事：一是重复的惊喜，二是确认我们的期望是正确的和被满足的。这就是惊喜并不一定需要是一个完全有效的惊喜的原因，它同样可以是在我们的期望得到满足时我们所表达的纯粹的喜悦。

那么，这对于不断创造惊喜的人来说意味着什么呢？有一个结论是，惊喜并不一定是令人兴奋的。而重复就是我对疲劳问题产生的原因的回答：在某种程度上，我们是否厌倦了惊喜？我相信答案是“不，永远不会”。这种冲动存在于我们内心深处，存在于我们人类的精神世界中。我们从不厌倦惊喜！无论是圣诞节的礼物，还是简单的生日问候，即使是那些正式地表示他们不想要任何生日礼物的人，在得到一个惊喜的礼物时通常都会很高兴。

苹果公司就一直在这样做，并且做得非常成功。史蒂夫·乔布斯是一位深受爱戴、有影响力的领导人，在他去世后，苹果公司的每一次挫折似乎都宣告了他死后危机的诞生，从令人失望的 iPhone 5 到苹果地图的失败（拉什，2013年）。这种对危机出现的预期导致了客户的不满、员工的损失，以及股价下跌。在苹果公司推出新产品的前两年，蒂姆·库克站在舞台上展示新产品的时候，这是一个让人期待已久的事情，但许多人都觉得他们已经知道接下来会发生什么。虽然这个新产品不只是对现有产品版本的完善和改进。

最近，苹果新产品的发布让其重新回到了史蒂夫·乔布斯领导时的地位。然而，如果你分析真正的惊喜效果，就会发现其实并不是产品的出现所带来的。苹果公司推出的产品和技术已经在苹果粉丝中被讨论了至少一年半的时间。令人惊讶的是，在某些情况下，苹果是最后一个推出这些产品的。有一些产品，比如大屏幕智能手机和智能手表，已经上市好几年了。事实上，2015

年推出的苹果智能手表，是在史蒂夫·曼恩的 Linux 智能手表（Linux 是一种可免费使用的 UNIX 操作系统，运行于一般的 PC 机上）发布 17 年后推出的，这款手表是第一个可以与电脑和其他无线设备进行无线通信的手表。

我们可以看到，整个事件就是一个典型的复活节彩蛋效应。惊喜不必非要令人感到惊讶才可以被称为惊喜。只要可以确认客户的猜测和满足他们的期望就足够了。你不必是独一无二的绝对第一。如果你的品牌有实力和自信去创造更大的期望，那就足够了。和以往一样，真正的惊喜是最后到来的——苹果的产品比那些拥有同样技术的竞争者们卖得更好，并打破了一些专家当初对其的否定与怀疑。

结论：期待和惊喜的力量

期待和惊喜的概念是现代关联品牌的基础。它们是成功的关联品牌存在的驱动力。了解这些概念，以及如何利用它们在与客户进行互动之前、期间、之后，为客户创造幸福感，在经济上以及在已有客户和潜在客户的心中都能提升你的品牌地位。拥有预期和确认预期可以产生复活节彩蛋效应，它可以产生一连串的惊喜，让你的客户感到满意并忠诚于你的品牌。出于这个原因，品牌经理需要建立一个基础，从一开始就促进品牌为客户创造惊喜，并设计出一个守则和座右铭来指导品牌更好地走向未来。

Chapter 8

品牌密码：找准品牌的核心定位

品牌密码（the branding code）概括了品牌的未来定位，也解释了这家公司究竟是干什么的。它会考虑可能存在的一系列情况，以便了解品牌是如何吸引不同受众的。品牌密码指的是品牌在舞台上扮演的角色。它不是演员，而是演员必须扮演的角色。销售员、接待员或者广告代理机构的艺术总监都可以是演员。演员的工作是诠释角色，并将它们带入生活中，使它们具有说服力和可信度。

毫无疑问，许多对于品牌密码的解释都是合理的，而且值得鼓励。为了有效利用大家的创造力和个人才华，给予他们诠释品牌密码的自由显得尤为重要。但是，与此同时，为保证品牌在用户前的一致性，找准品牌密码的定位同样不可或缺。品牌口号通过定义整个品牌密码建立的核心原则来促进这些相互矛盾的需求的增长。

品牌密码旨在创造一个以未来为驱动的品牌。它会提取你公司的 DNA 密码，甚至是产品或服务的 DNA 密码；所有其他内容也将从此密码中导出或调用。品牌密码是公司的核心。它是帮助公司高层做出各种决策的重要工具，不仅方便你在决策过程中通过参考密码来支撑你的决定，也对快速构建一个强大的、定义明确的成功品牌起到了必要的作用。一个品牌驱动型公司取得成功最重要的秘诀在于，它对日常生活中的所有事物均采用一致的品牌化方法。

品牌密码是对你公司或旗下产品所代表的内容的陈述，它讲述了公司的相关故事，涵盖了公司的经营理念、定位、愿景、使命和价值观。

品牌密码

品牌密码模型由六个部分或背景组成（图 8.1）。其中，前三部分立足于品牌在市场上的现状。另外三个部分则是对品牌“未来”的展望。

六个部分分别是：

- 产品/收益
- 定位
- 风格
- 使命/意义
- 愿景
- 价值观

这六个部分共同组成了品牌密码，该密码由代表其核心的品牌口号揉合成为一个表达方式。

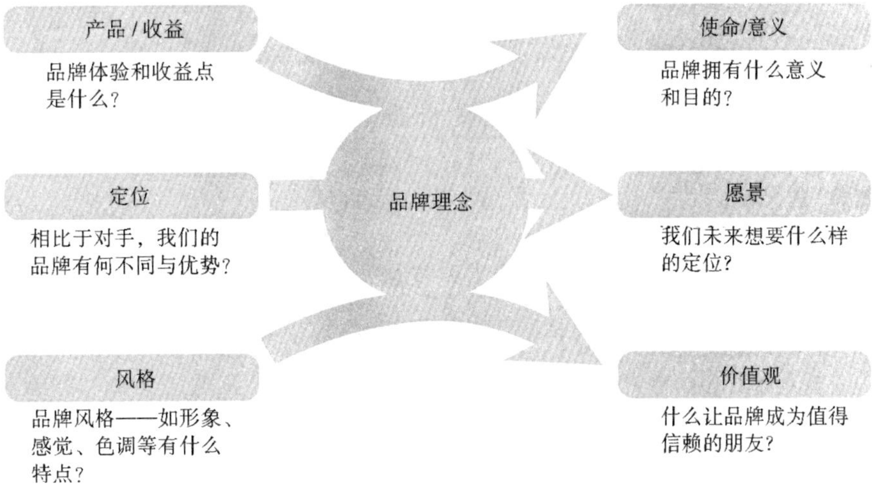

图 8.1　品牌密码模型：品牌密码和品牌口号

产品/收益

本部分详细描述了客户通过公司提供的产品、服务、知识等能够获得的收益。大多数情况下，这是一项简单的任务，但有的时候你也需要费点功夫避开商业俗套，明确你想给客户的底线报价。该收益与第 6 章讨论的功能维度密切相关。

定位

该部分介绍你对传统商业定位问题的回应：你为什么比竞争对手更好，或者为什么跟他们不同？请记住，该品牌是你公司的差异密码。在这里，我们开始束缚自己创造差异的能力。这通常包括你为特定的目标受众（客户）做好事情的能力。在得不到公司其他员工理解的情况下，你也有办法为客户带来收益。品牌密码中的定位元素也脱离了功能维度的影响。

风格

品牌密码的最后一部分是风格，它立足于现状。在这里，你可以描述该品牌（无论是公司还是产品）的特质、形象、态度、行为，换言之即个性，这是人们可以直接看到的部分。它受到社会维度的重大影响。

使命/意义

当你开始展望未来的时候，你需要考虑公司、产品或服务的使命或意义。在这里，你需要超越客户的收益，去探索品牌在社会中的作用。这个社会并不一定指全球社会，也可以指你所处的当地社会。相比传统的“使命”概念来说，这里的“使命”含义更广。它有更深的意义，更像“目的”；内容包括“为什么”及“大局观”。

对于大多数公司来说，想要在竞争激烈的市场招募年轻人才，使命是品牌密码的重要组成部分。年轻人特别想要一份目标明确的工作，即使这不比货币补偿重要，也至少跟它一样重要。如果公司无法详细解释他们对社会做出过什么贡献，那么这些公司的名字很有可能不会出现在这些年轻人挑选未来工作场所的候选名单上。

使命和意义对于指导公关活动也非常有用，它们在精神层面上被强烈地激发出来，而且“使命”通过给予公司更高的追求能力，经常会将其从商业品牌转变为收益相关者品牌。

愿景

英文单词 vision 有许多不同的意思，而且在管理策略中使用的方式各有不同。我则是以非常务实的方式使用它。品牌密码中的 vision 指的是未来的定位：我们想要进入哪个市场？我们想要在这个市场中扮演什么角色？

很多时候，你必须创造自己的市场。与之相关的典型案例则是罗勒布雷德创造了直排轮滑的市场。然而，创造一个之前从未存在的市场最常见的问题是，你得冒险成为该概念的代名词，而不是一个独特的领先品牌。当罗勒布雷德面临未来可能会成为直排轮滑的泛称这一处境时，他们发起了一个营销活动，以保护自己的名誉。你可以对比将品牌施乐（Xerox，复印技术的发明公司）、韦士柏（Vespa，踏板车品牌）和膳魔师（Thermos，保温杯）降格为通用术语的处理方式。

最成功的品牌会在两方面有明确的愿景：一是未来的市场，二是他们想要提供的内容、对象及时间。但时间不是品牌密码的必要部分，因为难以确定品牌如何为大众所知晓，而且这也没那么重要，但是这在商业计划中却很重要。你的愿景是品牌密码中最具活力的一部分。

价值观

在品牌密码中，你需要考虑的最后一个方面是品牌的价值观。我通常将企业价值观描述为生活法则。有时候，你会遇到按强硬规则生活的人，无论这些规则有多么特殊，都会令人印象深刻。价值观强调品牌的可信度，以及可以保证连续性的特点，这就像个人友谊中的价值观一样。

附着于你价值观上的关键词很重要，而且你应谨慎选择这些关键词，即便它们主要是以非言语的形式出现。像“诚实”这样受人喜爱的词汇很容易运用在没有承诺的情况中，但假设你做生意遇到了最糟的情况，那时，你会为了“诚实”毫不犹豫地花费多少钱——5000 万美元？1 亿美元？2 亿美元？

尽管拥有一个管理公司的道德观很重要，但是，如果你因为没能遵守自己制定的道德底线而被记者、客户或竞争对手大做文章的话，这就危险了。你一定要以员工的个人价值观为出发点。公司经营中，创始人的价值观通常会被设定为该公司的价值观。这使得它比设计好的公司战略更加真实可靠。

拟定价值观通常会引发如下讨论：使用的特定词应是价值观还是风格。客户可以轻松注意到并识别风格，但需要花些时间来感受价值观。价值观是一个长期的特征，有些人可能需要花些时间了解公司或使用产品和服务后才能感受它。从这方面来看，价值观本质上更具哲学意义。

除了这六个元素之外，我还添加了两个。我不仅会考察收益相关者，以便弄清楚品牌与不同受众之间的关系；还会考察品牌结构，以确定该品牌是要素品牌还是具有多个副品牌的主品牌。

品牌口号

品牌口号包含并概括了品牌密码。它可以是几个关键词或一个短句。有时候，将品牌密码作为传播的口号或产品陈述十分吸引人（例如诺基亚的“科技以人为本”）。不过，我通常建议我的客户使用品牌密码作为公司内部的口头禅：不在外面使用，而是在日常生活中作为秘密武器来引导每个人。

一旦你对所有投入感到满意，请考虑什么可以让你的公司、产品或服务与众不同。简单来说，即综合所有元素来描述什么会在他人的脑海中重塑你的品牌。你的想法越自由越好。也许不止一种可能性，但是你肯定会感觉到其中一种更加强大，而它可能就是正确的理念。

将你的理念与这六个要素相对比，如果它和至少两个或三个元素有关系，并得到了这些元素的支持，那么你的看法是对的。你也需要检查它是否会与其他元素冲突，你是否可以使用品牌密码作为推动公司发展的工具。你能用它表达态度并做出决策吗？你的品牌密码包含未来驱动吗？如果这些问题的答案是肯定的，那么你可能拥有正确的品牌密码和理念。请给你的品牌密码一段时间塑造自己，这通常需要花上几个星期的时间。

在这段时间内把它拿起来多看几遍。最好的品牌密码起初不会让人超级充满热情，但随着时间的推移，它可以使人们增长热情，并让你的品牌得到成长。

当公司已经有了品牌策略时，你可以审视该策略，对它进行解码和重组以适应此品牌密码的格式。这样做的优点在于，如果有东西缺失的话，会更容易发现。现有的品牌策略通常不包含你完成品牌密码模型所需的一切内容。大多数情况下，缺失的方面是愿景。根据我的经验，这是因为大多数公司的愿景都不是未来的真实愿景，而只是对公司现如今所做内容的陈述。可这并不足以引导你的品牌进入未来，所以我建议用视觉工作坊来解决这些问题。

我的品牌化全过程

为了让你了解我是如何与客户合作的，下面介绍了布兰德福莱特（Brandflight）完整的品牌化及客户体验过程，其中包含11项战略性的实际活动。

1. **理解**。这个过程我们首先会了解客户业务及其期待的品牌化和客户体验过程的结果。这可以帮助我们朝着正确的目标前进，并且纠正人们对品牌发展和客户体验内容的误解。

   成果：客户自己发现了提升品牌化和客户体验的需求及理由。对许多客户而言，这是敏锐洞察力的体现。

2. **现代品牌化和客户体验报告**。一旦了解客户的期望，我们就会更新现有客户，促进品牌的最新发展，以及现代品牌想要取得成功所需要的内容。多亏互联网是人们生活上和业务上的一种成熟力量，品牌化已经经历了从交易品牌到关联品牌的根本改变，这里的交易侧重产品间的交易，而关联则指品牌与客户之间的关系。新的关联品牌只能运用新的品牌策略进行管理。

   成果：客户可以了解品牌化是如何以这种基本方式发生变化的，这能帮助他们正确地找到自己对品牌化的需求和理由。对大多数客户来说，了解现代品牌如何在人们的脑海、组织团体内部及外部社会中建立并发挥作用，会是非常鼓舞人心的。这对品牌未来的成功提供了宝贵的知识成果。

3. **品牌愿景研讨会**。品牌战略进程中的第一场研讨会包括定义品牌愿景。鼓励客户提前设想10到15年后的业务和客户互动。

   成果：任何公司和品牌成功的关键因素之一是有一个明确的愿景，在这个愿景中公司的领导可以预见10到15年的时间内他们想要发展的方向。对未来如果没有明确的愿景，那就不可能成功地领导一个公司。这一愿景必须在公司内部被制定并进行沟通，以便成为领导重要的战略工具。

4. **品牌思维空间研讨会**。第二场研讨会谈到了客户如何做到品牌为人所注意。这是客户和重要收益相关者心中希望达到的结果。品牌在四个维度上得到映射：功能——有形的实用产品，品牌的收益或效果；社会——品牌的社会环境及不同人群对品牌的识别；心理——品牌的个人方面，个人如何通过特征、成果、标准等来查找或识别品牌；精神——品牌的"为什么"，它是生活和人类社会这个全局的一部分所要传达的东西。有时候，我们会对客户和现有品牌进行长时间的个别访谈研究（也称工商人类学或商业民族志），研究结果综合考虑了这四个维度。

成果：高层次、多维度观察客户对品牌有怎样的看法。这是新品牌策略的重要目标文件。

5. **品牌定位研讨会**。第三场研讨会中，我们会在右上角与客户品牌相关的两个轴所定义的范围内绘制出竞争对手。其中一个轴是“最擅长……”：有形的、功能性的、产品似的成果；另一个轴就是“对……有热情”：品牌更具情感、重要性和激励性的方面。

   成果：这是一个经典的定义，即该品牌如何比竞争对手的品牌更好且与众不同，重点需要考虑理性和感性两个方面。

6. **品牌密码和理念**。我们在中途制定了主要的品牌战略文件，并定义了品牌化和客户体验的核心成果。品牌密码有六个要素：产品/收益、定位、风格、使命/意义、愿景和价值观。

   成果：凭借品牌密码和理念，客户领导会拥有一个很好的辅助工具，不仅可以管理营销活动，还可以通过整个组织、各个部门及所有职能机构来管理决策的制定。

7. **品牌活动生成器**。这是品牌在有形活动和交流中的展示（图 8.2）。

   成果：我们将品牌密码和理念放在中间位置，在品牌思维空间的四个维度上展现品牌，以符合人们心目中的品牌形象。

8. **品牌故事**。我们运用由电影剧本改编而来的故事叙述形式来创造出一致且同步的品牌故事。

   成果：可以为所有收益伙伴讲述这个一分钟的故事，这对公司中的每个人及客户来说都是非常实用的。

9. **品牌书方向**。品牌书主要用于营销和沟通指导，通常是数字文档，虽然有时它也会被打印出来。该书包含一个策略部分，其中涵盖了品牌策略发展过程的所有成果：品牌思维空间、品牌定位、品牌密码和理念、品牌活动生成器及品牌故事。

成果：布兰德福莱特（Brandflight）为如何开发品牌书提供了指导方向。它通常由设计师设计，而该设计师已经在产品、包装或用户体验（UX）上与该品牌有过合作。这有助于是设计出来的品牌书跟品牌其他的关键设计元素保持统一的设计风格。

10. **客户触点编码。**我们已经发明了一种实用的方法，以便同步不同类型的客户触点与品牌密码及理念，使其达到四个维度中的每个触点所要求的标准。

    成果：开发和管理客户触点的完美工具。

11. **品牌推广计划。**这个过程的最后一步是制订推广品牌的活动计划。由专业人员来执行相关活动，如公关专员、广告专员、活动专员和负责媒体策划、内容制作及协调工作的社会媒体专员。

    成果：一个完整和详细的推广计划，涵盖公司所有部门及外部专家所要求的活动。

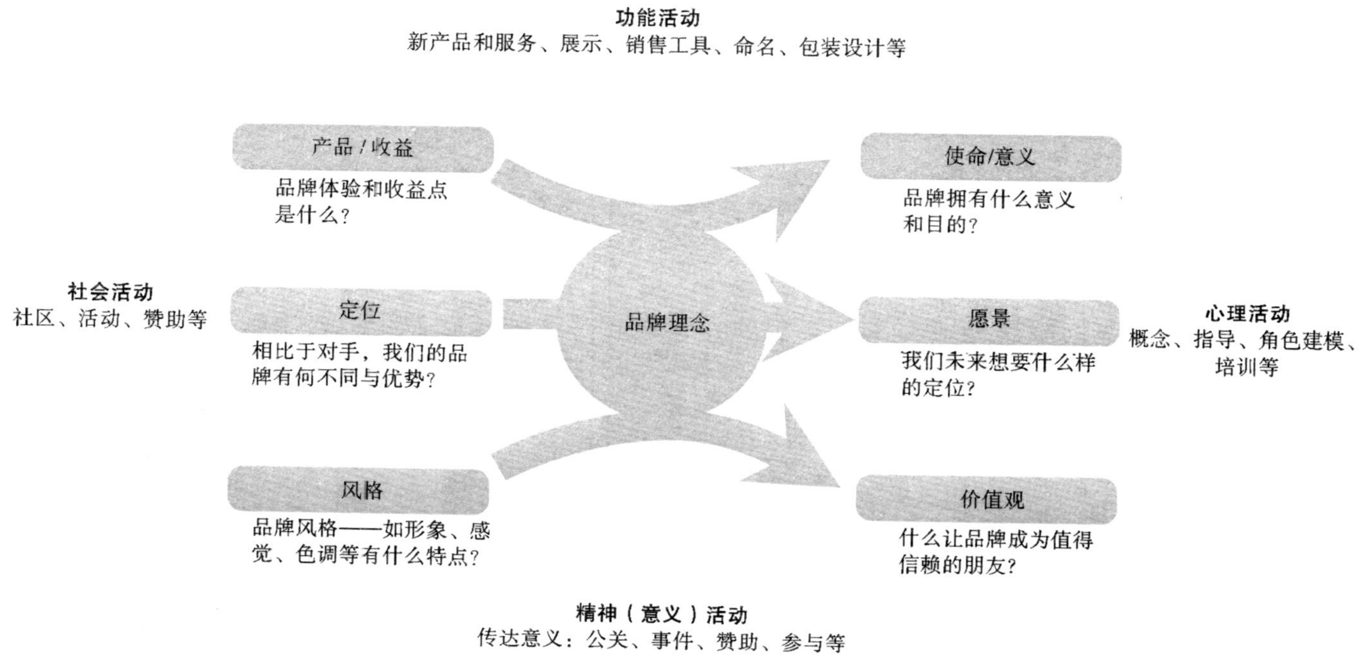

图 8.2　品牌活动生成器：彰显品牌策略

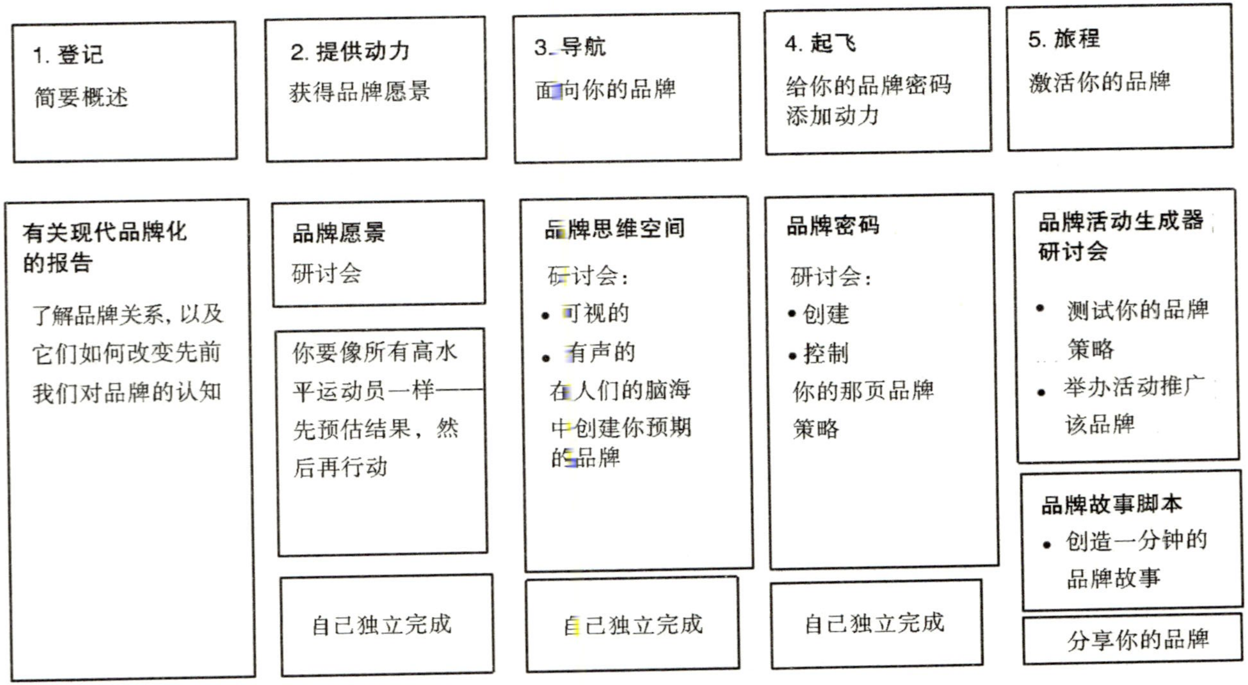

图 8.3 待启动的品牌化过程

结论：品牌密码是品牌的核心

定义品牌密码就像为乐器调音一样。有时，品牌密码被人戏称为品牌的DNA，这其实是一个非常好的比喻。DNA遍布身体的各个部位，并且影响人们的外观，同样，品牌密码也贯穿并影响着公司业务的每个部分。如上所述，品牌密码是创建或编码品牌过程中的重要一环。你可以通过品牌密码和品牌口号开始创造客户体验，而这些客户体验可以透过客户与公司的各种联系来彰显你的品牌密码。

Chapter 9

客户体验品牌化：
创造前所未有的感知差异

客户体验，也称CX，定义如下：

客户体验指的是组织和客户之间，通过客户有意识及潜意识的感知进行的互动。它包含组织的理性表现、组织激起的客户感觉及客户情绪，在客户与组织接触的全过程中与客户期望形成直观的对比。(肖和伊文斯，2004)

关于创办公司的步骤以及客户体验在创业过程中扮演的角色，史蒂夫·乔布斯表达了他一贯的观点："你必须从客户体验开始，而后再回到技术上，除此之外，别无他法。(乔布斯，1997)"这已成为经常被人们引用的名言警句。

品牌对客户体验至关重要

品牌策略（包括作为品牌密码组成部分的价值观）是客户体验的关键。

客户体验的公式虽然简单，但是很重要：价值 = 收益 - 成本（包括风险和辛劳)。品牌化是对人们思维认知的管理，且价值观也是一种认知。

你的品牌密码从实物和情感的角度详细说明了你的公司所传递的内容。它是你与客户之间的关系基础。所有的公司都面临一个风险：遗忘自身品牌的实质和价值主张。在瞬息万变的市场中更是如此，因为新的厂商和产品会突然出现，来侵犯你原先占有的市场。

到目前为止，我们一直专注于品牌和品牌策略。成功的品牌策略应该永远牢记如何提供卓越的客户体验。现在，让我们暂时抛开策略，谈谈何如才能创造不同且成功的客户体验。

在当今世界，客户体验至关重要，而实际产品或实际服务的差异微乎其微。正是对感知差异的重视，才解释了为什么一些品牌在争取合适的客户群体、创造增长价值及形成良好口碑等方面，比其他品牌更加成功。

要想理解客户体验，第一步要从心理上拉近客户与公司的距离，并弄清客户体验在哪些方面、以哪些方式影响公司的成败。一个公司若能理解并系统研究各类客户经历和客户体验，就能收获更高的客户忠诚度和更有益的客户关系。

客户期待驱动客户体验

品牌化实质就是构建客户体验。因此在打造高效客户体验品牌的过程中，我们会遇到一个很有趣的机制。我们可以用一个方程式来表示客户期待与客户体验的关系：期待值 × 交付值 = 体验值。这意味着期待值越高，整体的客户体验就越高，品牌也就越强；期待值越低，客户体验水平也就越低，即便在这两种情况下，交付经验都是积极的，且水平相同。

20 世纪 80 年代，我首次在实例中观察到客户体验品牌化机制的运行。当时瑞典电信公司特里维克特（Televerket）正面临从国有垄断公司到私营上市公司［更名特利亚（Telia）］的私有化改革。同一时期，许多国家也出现了国企私有和监管放宽的浪潮，所以这些曾经的国企不得不学会自力更生，以商业公司的身份与私营竞争者竞争。（爱德华松，日期不详）

特里维克特面临的最大难关——也是大家都认识到的——缺少现代客户服务。他们不得不应对突如其来的、以客户服务为导向的转型难题。为此，我们发起了承诺打造“新”特里维克特的广告活动，并大力支持通过简单的活动将国有垄断公司改造为客户服务体验型公司这一远大志向，而这些简单的活动在私营公司都被视为理所当然的。改造后的变化之一就是，“新”特里维克特完成安装或维修服务后，会打电话给客户并询问客户是否满意。以前，这是闻所未闻的。当特里维克特还是国有公司的时候，其员工的做法就像公务员，他们实际上不愿意从客户那里获得反馈，因为在他们看来这些都是负面信息，可能会带来更多的麻烦。

我们与特里维克特的成功合作经验让我受益匪浅，这些经验在其后的职业生涯中，曾被我反复运用。除了跟其他面临私有化和放宽监管的国有垄断公司有过合作，如瑞典国家铁路公司（SJ）以及国有的斯堪的纳维亚航空公司（SAS），我们还和其他公司有过合作。在我获得的经验中，有一点尤为重要，那就是如果你表现出改变的意愿，那么，在你执行改变计划之前，这种改变就已经开始在人们的头脑中生效。意愿的表达本身就意味着改变。

这才是真正的品牌化：管理人们思维中的感知。我也意识到，当对改变的期望值或对改变将要发生的感知可能性比较低的时候，任何改变都会更让人惊喜，而且更有效。很多情况下，公司或品牌求变的意愿足以赢得现有客户和潜在客户的好感及鼓励。我们希望积极思考并充满雄心壮志，而不是毫无进取心。我们的确想帮助雄心勃勃且乐于改变的公司获得成功，特别是当这个公司提供的东西在我们的生活和工作中变得重要及必要时。我们愿意为有志向的公司提供帮助，并期待获得积极的体验，即便客观来看，交付成果不是很让人满意。

为什么没有更多的公司使用这些机制

阻碍公司提升客户体验期望值的原因是，为了实现更好的客户体验而给自己施加了压力。其中一部分压力源于组织内部缺乏信心，也有一部分源于缺乏冒险精神和奉献精神。每个想要成功的公司都必须解决缺乏信心这道难题。公司可以从提升自身的奉献精神，增强员工的自信心，并鼓励他们大胆冒险开始。

说到激励员工，虽然我们最先想到的是金钱奖励，但是研究表明，员工取得卓越表现、完成复杂任务的最大推动力并不是金钱奖励（胡萝卜），也不是对惩罚的恐惧（棍棒），更不是两者的结合。目的性或自我满足的激励力量是比上述任何一个明确的选择都要强大的推动力。（品克，2010）

想要在组织内部建立文化自信，首先需要构建核心人物。这一任务可以通过私人品牌这个神奇工具，以及自我评估和自我定位的过程，并结合相关指导来完成。在第15章中，你会了解到更多关于个体的惊人力量，以及它们如何成为积极的客户体验品牌化中的重要组成部分。

客户旅程

我们在本章中介绍的客户体验品牌化，可以从更好地了解你的客户开始。许多公司之所以不能成功管理他们的客户体验品牌化，是因为他们未能在各个管理层面重视客户体验。而更好地了解你的客户是客户体验品牌化的核心理念，它始于像你的客户一样去了解和体验你的品牌。

了解客户体验的一种方式就是系统地学习和管理客户旅程。描述客户旅程的方式有很多，而我使用的一种叫作客户品牌体验的生命周期（图9.1）。

当客户找到你，并了解到关于你的更多信息时，这个生命周期便已悄然开始。他们接下来会做出选择，使用选择好的产品或服务。之后，客户和用户将做出评估。作为品牌的拥有者，你需要让客户参与进来，了解他们如何看待你的公司，并鼓励他们提出建议。

每个阶段，你都需要回答问题，以便提供最好的客户体验。

- 发现：客户正在哪里寻找你？
- 了解：你的客户正在努力了解什么？
- 选择：购买/使用的障碍是什么？
- 使用：满意/不满意之处？
- 参与：你的客户如何评价？他们是否只相信购买和积极推荐这样的有形活动；你需要注意满意度指标，由于人们与生俱来的偏见、主观意识及表达方式——人们说到的，不一定做得到。

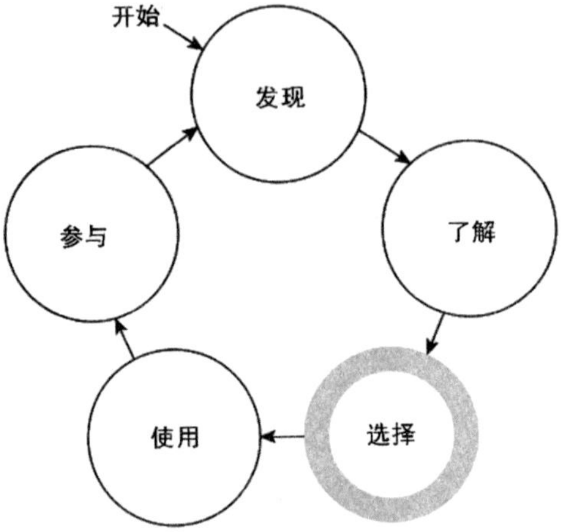

图 9.1　客户品牌体验的生命周期

客户体验的基石

任何一类公司想要创造可持续的、非凡的、成功的客户体验，必须满足四个因素。客户体验的这四个因素或基石包括：

- 惊喜
- 快乐
- 信任
- 尊重

四个成功因素中的第一个——惊喜——是本书的主题。我们已经从如何处理惊喜的角度对惊喜进行了介绍。但是，如果我们忽略了创造非凡的客户体验的其他因素，那么这本书将是不完整的，或者至少可以说，在实践中是不够奏效的。所以，以上四项都很重要，对其中的任何一项，我们都有足够的内容可以展开，足以写成一本完整的书。

但是，在这里我们没有足够的篇幅来一一描述。所以，下述内容只是对每个因素最重要方面进行简单总结。惊喜与其他因素之间的区别在于，惊喜从本质上来看，是最意想不到的，也是最不明显的。而快乐、信任和尊重都是商业中被普遍接受的经典成功因素。但是四个因素只有组合在一起，才会形成成功的经营基础。

惊喜——意想不到的东西

如果要举一个与惊喜有关的商业案例，我会选择荷兰皇家航空公司。该公司根据每个乘客在推特或脸书上发布的帖子，送给他们个性化小礼物，这一举动让乘客惊喜不已。乘客们收到惊喜时的笑容非常真实，因为这份惊喜既和自己有关，又出乎意料。而且，这些惊喜的病毒式传播效应十分巨大，一天之内就会有超过一百万的积极推文。你可以在第 12 章中阅读有关此案例的更多信息。

快乐——持续的积极提示

尽管惊喜创造了初始阶段（和定期更新）的“哇”效应，但是快乐可以维持客户与品牌之间愉快且积极的关系。当优步被推广时，人们因为可以在智能手机的屏幕上看到自己预约的车辆正在一步步靠近自己，而感到了巨大的惊喜——即便对于优步的忠实老用户来说，这一做法也让他们乐此不疲。

客户及用户获得的这种重复性快乐可以通过许多不同的方式创造，其中包括直觉、轻松、自在、聪明、优雅和智慧等。另一个有效的方法是“游戏化”的流行概念，一种游戏般的娱乐方式，不乏幽默趣味。

另一个成功案例是宝马，宝马品牌注重给驾驶者带来快乐。长久以来，他们的品牌理念就是“快乐驾驶”，以下这段话是 2010 年宝马的广告词：

宝马不只生产车。

宝马创造快乐。

我们既是激情的创造者，

我们也是刺激的保持者，

我们更是快乐的守护者。

(2020 品牌市场营销空想家，2015)

在参加宝马工程会议时，我无法理解他们那充满行话的深层技术讨论，但是突然听到一位宝马的技术人员用德语说道："Aber das hat mit Freude am Fahren gar nichts zu."（"这跟驾驶的快乐毫无关系！"）。

见证到品牌理念在工程师的技术讨论中得以体现是件很神奇的事，事实上，这也正是品牌指导下宝马工程文化的典型表现。

信任——相信交付的成果

创建信任基础的三个构成要素是：期望、需求和承诺。这是我从研究信任的专家瓦妮莎·霍尔（Vanessa Hall）那里了解到的。她著有《信任的真相》（*The Truth About Trust in Business*）一书，并在世界各地举办研讨会，给我们传授信任的真谛（霍尔，2009）。

只有同时具备三个构成要素，且按以下顺序，信任才会出现：

- 你的品牌期望得到满足或管理
- 需求得到满足
- 承诺得到保证

如果你希望获得真正且长久的成功，就必须注意到每一次沟通、每一个广告、每一次公关活动和每一个品牌化活动都会建立期望，挖掘需求，履行承诺。不要给借口留任何一丝余地。

所有的期望与承诺都十分重要，不管它们是隐性的还是显性的。另外，请记住，一些期望并不取决于身为品牌所有者的你。在发展过程中，会出现某些因素超出了你的控制，但作为品牌所有者，你仍然需要考虑这些因素。

考虑到人们之间存在差异，需求也各有主次，这一点也很重要。马斯洛的需求层次说明了人类最重要的需求：生理、安全、社交、尊重和自我实现。你需要将你不同类型的客户与不同类型的需求相匹配。

以信任为主题的一个典型案例就是丝芙兰。该化妆品零售品牌于 1970 年成立于巴黎，并于 1998 年引入美国。此后它快速发展，2015 年的有机营收增长率以两位数的规模持续上涨。丝芙兰有超过 1600 个销售点，其中北美有 360 多个，尽管有梅西百货（法国酩悦 · 轩尼诗——路易 · 威登集团，2016）这样根据稳固的零售店的激烈竞争，但丝芙兰仍然占据很大的市场份额。它的品牌理念是只销售高端品牌和高端产品。其目标是成为一个经验丰富、独立且值得信赖的顾问。

仅凭这一点，丝芙兰便已吸引了一批更年轻的客户，为她们提供专注于彩妆、香水和护肤的一流服务。丝芙兰也会对产品进行有效的交叉销售，将产品按字母顺序排列，然而其他百货公司却仍旧按品牌排列。在缺乏信任感的化妆品领域里，丝芙兰却是一个例外，获得了惊人的相对信任。

尊重——彰显同情心和人文精神

从许多方面来说，尊重是客户体验四要素中最难做到的。对于公司而言，尊重是指真正了解客户需求，并体会客户感受的能力。这在理论上很容易，因为大多数供应商认为，在交付产品或服务时他们可以用自己的个人经历作为客户体验，来与客户交流。可问题是你永远无法真正做到这点。从你成为供应商而非消费者的那一刻起，你的观点自然会改变，失去独立性。因为你已成为专业的生产商，而不再是天真的业余用户。

尊重意味着对微弱的客户信号更敏感，这通常要比预期的更深入一步。这就是我喜欢使用苹果，特别是语音助手 Siri 的原因。它是所有苹果产品和平台上的语音控制界面，可以作为客户体验范畴下关于尊重的一个案例。

在客户体验的范畴中，更好的设计和易于使用的产品即是对客户的直接尊重。尊重的反义词是傲慢。与苹果相比，许多科技公司在设计和易于操作方面没能尊重客户的需求，被视为非常傲慢。而 Siri 则尊重了用户的需求和他们的自然行为。像Siri这样的语音界面在很多方面都更敏感，也更加尊重文化、传统和语言的差异，这是尊重客户和用户所要面临的重大挑战。

客户体验和用户体验

目前客户体验最重要的领域之一就是数字应用。这些数字屏幕的内容和用户连接是当今世界几乎每一个客户体验的一部分，之所以会这样，仅仅是因为我们在日常生活中会频繁使用数字设备，除了我们的智能手机、平板电脑和普通电脑，屏幕还出现在我们的汽车、家电以及我们在各种工作场所和零售体验时所使用的机器上。

在数字化世界中，这通常被称为用户体验（UX）。由于它在我们的客户体验品牌化世界中占主导地位，所以在本书里我不能忽视它。我将它视作第三代品牌“窗口”：品牌可以通过该媒介表达自己。

迄今为止，在历史上品牌化已经拥有三代重要的窗口。第一代品牌窗口是包装产品。在这方面，金宝汤（Campbell's soup）是我个人喜欢的例子，因为安迪·沃霍尔设计的这个罐头汤成了消费品的图标。品牌是经过包装的产品，其品牌个性主要通过包装来创造。

第二代品牌窗口是广告宣传。在广告宣传的早期，产品和包装本身就是大多数广告中引人关注的焦点。渐渐地，广告宣传专注于表达品牌，而非产品。此后，广告宣传开始致力于让品牌充满活力，使其在情感和心理层面更具感染力。

第三代品牌窗口是现在的应用程序，或者说是应用程序的用户体验。只要是你能想得到的，应用程序都能帮你做到。它不仅给产品或服务命名，与客户交流、销售产品或服务，同时也是产品或服务的一部分。因为它与客户、产品、服务及品牌真正融为一体，所以它激活了产品或服务公司代表的内容。该应用程序以交互的方式在用户的对话中赋予品牌活力，将以产品为中心的交易品牌转变为现代且可以互动的关联品牌。

艾蒂安（Idean）是一家在用户体验方面全球领先且发展最快的公司，拥有许多实践经验丰富的人才，其中包括创始人和所有者雷斯托·莱赫德斯马基（Risto Lahdesmaki）。在我与艾蒂安合作期间，他们教会了我创建优质的应用程序和用户体验的重要性及相关要求。雷斯托是世界上最棒的用户体验创建者之一，在他的帮助下，我发明了一种创建终极品牌用户体验（BUX）的新方法。

品牌用户体验

这种方法建立在关联品牌化的基础上，采用四维品牌化的方式来创建契合完美，并满足当今用户需求的品牌和应用程序。由于第三代品牌窗口具有明显的交互性，所以通过它的数字用户界面，可以使得客户与品牌之间的互动和关系达到一个新的水平。因此，管理数字品牌用户体验变得跟管理客户体验的其他方面一样重要。

除了运用一般规则来创建良好的客户体验外，你还需要考虑三步以使应用程序运行良好：

1. **客户/用户民族志**。不仅在使用应用程序的时候，而且在更大范围内，了解客户和用户想要什么、需要什么，客户想从生活中得到什么。

   为了做到这一点，你需要在客户和用户的家里或工作场所对他们进行一些深入的调查访谈。你要能够监测微弱信号，也需要了解你的应用程序的情感和心理共鸣是什么，并运用这些知识创建一个比任何竞争对手更好、更受人喜爱、使用更频繁的应用程序。

2. **你的应用程序所采用的关联品牌策略**。为了使你的应用程序更好地运行并且更受欢迎，你需要基于一个现代的品牌策略来构建你的应用程序，而该策略可以妥善处理你的品牌。因此，你必须从以产品为重心的老式交易品牌思维方式转变为关联品牌的思维方式。我在数百家公司中成功运用了强大的四维品牌化。你的品牌不能再只具有功能维度，还必须具有社会维度、心理维度和精神维度。这样，你的应用程序将配备上使其成为最受喜爱和最常用的应用程序的功能，且你的品牌也将会如此！

3. **品牌用户体验**。你在设计和编码应用程序的用户体验时，需要包括上述所有内容。来源于你的人类学访谈的微弱信号揭露了用户的私人想法，并引导你看到微小而重要的细节。应用程序必须在用户的头脑中创建关系，使他们感到宾至如归，吸引、呵护并尊重他们。而且，该应用程序一定要对你的客户具有吸引力，就像好的家具或汽车设计可以让人们爱上它们一样。但是，该应用程序也必须刺激用户做更多的事情（以及购买更多），并对这种体验感受良好。

所有这一切只有经验丰富的设计团队才可以做到，因为他们不仅可以为不同的操作系统提供技术机会，还可以从客户/用户人类学中提出一个至关重要的，充满人文主义、美学及文化的方法（第1步）和品牌策略（第2步）。

在客户体验品牌化中衡量成败

在我看来，衡量客户体验品牌化最简单有效的方法是使用净推荐值（Net Promoter Score，NPS，图9.2）。NPS于2003年由贝恩咨询公司的罗伯·马奇（Rob Markey）和佛瑞德·赖克霍德（Fred Reichheld）引进，它是根据对一个问题的回答来计算的："你把我们推荐给朋友或同事的可能性有多大?"（马基，赖克霍德，2010）

得分范围通常在0到10之间，0代表完全没有可能推荐该产品，10代表极有可能推荐。那些给出9或10分的人被称为"推崇者"，他们可能会买得更多，支持该产品的时间更长，最重要的是，会更积极地向潜在客户推荐产品。给分为0到6分的调查对象则被称为"诋毁者"，他们不太可能表现出为贵公司增值的积极行为。而给分为7或8分的人会被称为"被动者"，顾名思义，他们会或者不会表现出公司所期望的积极行为。

你可以用推崇者的百分比减去诋毁者的百分比来计算NPS。虽然被动者确实会影响到调查对象的总人数，但他们并不会直接影响 **NPS**。

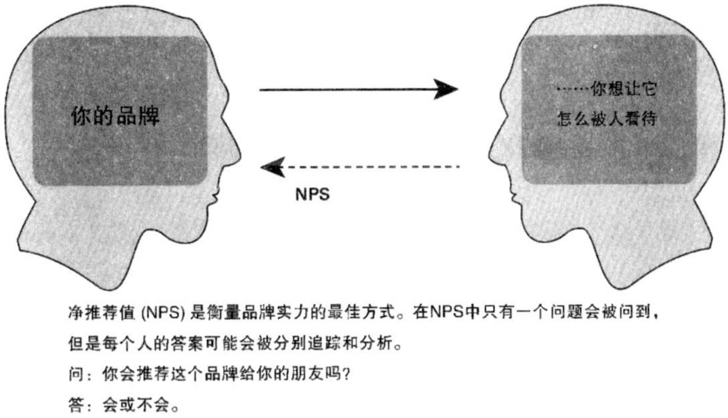

图 9.2 品牌检验——净推荐值

使用 NPS 的公司通常会跟进个别受访者并提出开放式问题，请他们解释为什么会打出那样的分数。在大家决定采取后续行动的时候，这些答案显得尤为重要，而且通常会被转发给前线的员工和管理团队。当然，除了上述问题外，提问还包括其他问题。这些都可以用来帮助了解人们是如何看待公司、产品或服务的。在使用 NPS 系统时，公司经常依靠软件进行分析，尽量减少分析中人们的偏见，而且软件经常还可以提供一整套指标、报告及分析。

NPS 主要用于评估客户对品牌或公司的忠诚度，从而让公司确定客户再次购买、对公司做出积极评价或顶住压力转向竞争对手公司或品牌的可能性。然而，NPS 系统要想充分发挥作用，仍需要一个“闭环”的过程，并从提供反馈的客户那里了解更多信息。这可以让你有机会改变客户的消极看法，把一个诋毁者变成一个推崇者。

在公司内部，使用 NPS 可以激励你的团队将更多的精力放在改进产品和服务上，以满足客户需求。NPS 的批评者主要认为，公司的 NPS 与其收入增长有关。事实的确如此，不过可能不那么精准。尽管除此以外，还有其他的批评，但是许多大公司都公开承认他们使用了 NPS，这些公司包括西门子、飞利浦、苹果商店、通用电气、美国运通和财捷公司。

NPS 除了可以衡量品牌忠诚度、客户对公司的忠诚度、服务或实体产品的忠诚度外，还可以衡量客户对在线应用程序和社交游戏产品的忠诚度。

结论：客户体验品牌化就是创建和传递预期

在我们当今这个超级互联的世界中，客户体验被视为比以往任何时候都重要。它为收购增添动力，可以促进口碑宣传，并确保留住合适的客户（或过滤不合适的客户）。想让客户更加青睐你公司的第一步是明白客户体验在哪些地方如何影响你的成败。能够了解并系统地审查每种类型的客户旅程和客户体验的公司，可以享有更高的忠诚度，以及更好、更有利的客户关系。基于预期值，客户体验能够以惊喜的方式，得以完美的创建。而且由此产生的忠诚度可以通过使用 NPS 和对以下这个问题的答案进行衡量，即你会向你的朋友推荐这个品牌吗？

Chapter 10

客户体验触点：赢得客户的忠诚与专注

我们下一步是探索客户触点，即在客户与公司打交道过程中，所有的实体互动和交流互动。基于对当今市场营销全渠道性质的新认识，市场已经见证了客户触点数量的爆炸式增长。客户关系复杂性大大增加，发现并留住客户比以往任何时候都更困难。而触点复杂性的一再提高，也增加了管理触点所需的时间、费用和技能。

客户触点自始至终都是品牌的客户联络点。客户每一次通过网络或广告了解公司，查看相关评分和评论，访问网站，在零售商店购物，或者联系客服，这些都与你的客户触点相关。看起来这一列表很长，但其实只是所有潜在触点中的几个而已。每当客户接触或“触摸”你的品牌以及与之相关的一切时，触点就会形成。

这些按顺序排列的单独触点和分组触点，定义了客户世界和品牌所有者之间的关系。产品或服务显然就是其中一种触点，可以传达除功能外，更多的内涵。然而，最成功的公司正在将客户体验从简单的物理用户属性转变为更有情感、更具关联性及更人性化的体验。

组成品牌的静态、人性化和数字化触点由你的品牌策略来定义，并且它们会驱动你的客户体验。静态触点是传统、单向的，如产品或服务本身、促销、直接沟通、广告和公共关系。人性化触点是双向的，通常包括呼叫中心、服务和支持、索赔、销售和管理联系。数字化触点则是客户之间的多边接触，有时甚至不包括品牌所有者，但是却包含启用互动的网页、博客、用户组、电子邮件、社交媒体和移动应用 app。所有以品牌为驱动的触点都有助于提升客户的整体体验。

品牌通过个性化的举措来提高产品或概念辨识度，并提供意想不到的触点体验的做法，令人印象深刻。维珍大西洋航空头等舱内的旅客留言簿就是一个很好的例子，阐释了如何将触点人性化。通过提供留言簿的方式，航空公司将你视为在家小住的客人而非旅客。在维珍，你可以将自己的名字写在名人旁边，以增加别样的体验。

GoPro 公司将其所有营销活动建立在客户参与和融入的基础上，也实现了客户体验个性化，客户成为产品的一部分。

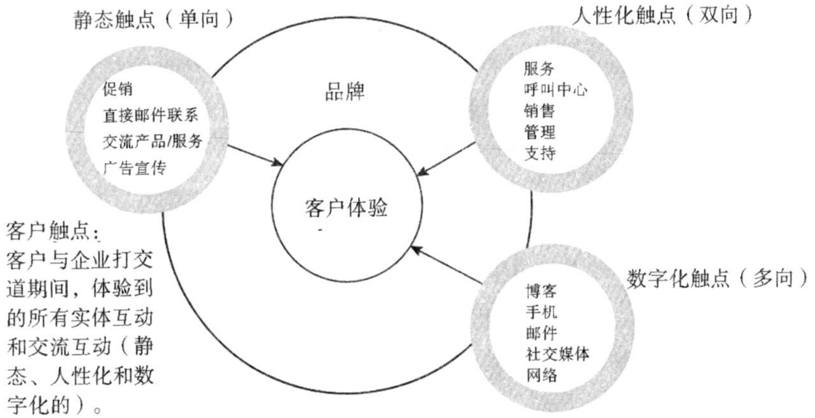

图 10.1 客户品牌触点卡：客户体验触点

用你的品牌密码给客户触点编码

激活品牌的最好方法是用你的品牌密码来“编码”客户触点。为此，我创建了一个简单的模型，称之为“品牌触点卡”。第一步是创建一张单页卡，并列出你的品牌密码。然后，利用四维品牌思维空间模型，简单记录每个客户触点的标准。

客户触点卡：谷歌搜索——法律文件

我们可以通过谷歌搜索来举例说明，看看如何为数字客户触点代表之一的谷歌搜索，填写这些触点卡（图 10.2）

谷歌搜索是当今世界上最重要的数字化客户触点之一。公司的潜在客户通常会因为在谷歌上搜寻解决当前需求的方案而开始认识你的品牌。所以，在开始分析这个触点时，先让你的品牌密码和理念激发你所登录页面的搜索引擎优化（SEO）管理。品牌密码可以指导你的客户搜索体验。它定义了整个谷歌搜索客户体验的四维触点标准，以及你品牌网站登录页面的设计。

以下为在线法律咨询和文件业务的成功案例。其中，精神维度没有相关标准。

- **功能标准**：在登录页面上，考虑谷歌搜索结果（SEO）的同时，尽量多使用关键信息。以法律关键词作为示范：意愿、购买合同、继承、雇佣合同、租赁合同。每个关键词都要定向到登录页面，而且关键词中的信息必须直截了当、契合主题。每个登录页面都要与特别优惠和更多信息页面相连接。此外，还要建立与法律关键词相关的目标信息渠道，该渠道需内容丰富、精心编排。
- **社会标准**：登录页面应包含特别且相关的推荐，而这些推荐可以跟搜索到的关键词以及与搜索词相关的故事、视频和脸书链接/喜好同步。
- **心理/个人标准**：登录页面应为访客营造出能就个人问题给出针对性答案的感受，并在登录页面上继续加强这一感受。为个体访客解释相关的概念特征，提供相关的问卷问题。比如，当你购买一份遗嘱文件时，应提供三个月的会员服务、可更新的文件及指导信息。

功能标准

触点卡的益处、产品、交付成果、提供物品

尽可能输入更多的关键信息来查询谷歌搜索的结果（搜索引擎优化），以法律关键词作为示范：意愿、购买合同、继承、雇佣合同、租赁合同……将关键词定向到登录页面，每个登录页面都要与特别优惠和更多信息页面相连接，并精心编排渠道。

社会活动

集体认同，触点的群体和社区构建要素、评论、参考和观点。

（登录页面上显示：）特别且相关的推荐信，包含搜索词（即“智能律师”社区）、故事、视频、脸书的链接/喜好。

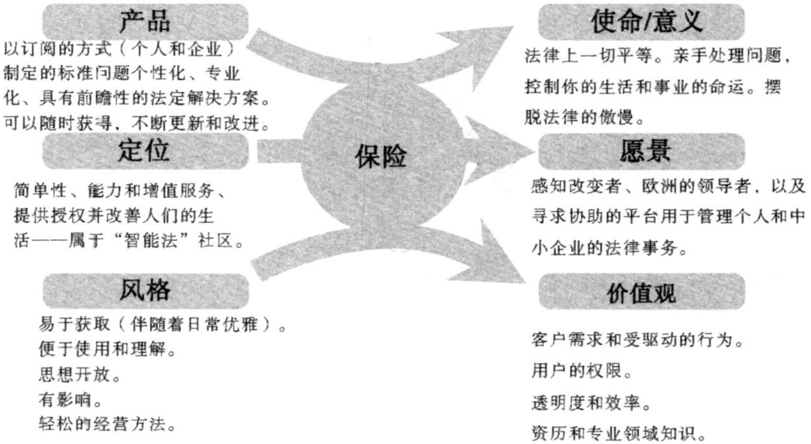

心理活动

触点的各个关系效果；个人内容、建议、关注、自信和自我奖励元素。

私人问题得到私人回答的感受，登录页面的延续性：为身为个体的你解释“保险”预防概念的特征。推行相关的问卷调查。你可以购买一份遗嘱和三个月的会员并接收更新的文件。

精神标准

触点的目的和意义：提醒客户品牌是致力于创造一个更美好的世界。

（登录页面上显示：）每个人都可以获得良好的法律支持和建议。

图 10.2　智能法(Smart Law)客户触点卡：谷歌搜索

苹果的客户触点

客户体验另一个成功案例是苹果公司。《福布斯》撰稿人米歇尔·格林沃尔德（Michelle Greenwald）公布了苹果公司做得最好的客户体验触点榜单（格林沃尔德，2014），我觉得这是一个值得研究的好案例，因为从在线联络点、包装到零售和人际交往，它涵盖了品牌化的很多方面。

- **设计完美的网站：**苹果的网站设计简洁、优雅。导航直观且布局良好，访客能轻易找到即将上架和现有产品的信息，可以定位最近的苹果实体店，网站还能安排商务预约。
- **包装：**苹果产品在包装和产品交付方面投入了大量精力。包装设计体现了品质和奢华，苹果包装的打开方式、产品摆放方式等这些细节考虑，都传达了苹果产品的特殊性。当然，包装设计也体现了苹果员工的智慧。例如，装有绳索的购物袋可用作背包，而带有提手的苹果电脑包在客户将所购买的产品背回家时，可以充当广告牌。
- **店内演示装置：**在每个苹果商店，除了员工可以对产品进行介绍和展示外，客户还可以试用店内演示装置以获得更加愉快的体验。在购买产品之前，让客户进行产品试用是非常有效的营销策略，而苹果使一切变得轻而易举。
- **员工密度、态度和培训：**每个苹果商店都有大量员工，所以客户可以快速获得帮助，不需要经过长时间等待才能得到资讯或服务。苹果还对求职者进行精心挑选并提供合适的培训，以确保店内员工机灵、耐心、博闻、随时可以想出解决问题的方法。
- **苹果的店面设计与布局：**苹果一贯的店面设计表明了苹果公司致力于提供卓越的客户体验。苹果店面一直干净整洁，井然有序，所有袋子、收据打印机和其他必需品均收纳在展示台下方客户看不见的位置。令人愉快的照明及统一、优雅的设计，都有助于为客户提供亲近且积极的体验。

- **位置：** 所有的苹果商店都位于那些受过相对良好教育的客户会经常光顾的地区，很容易找到，且便于进入。
- **天才吧：** 某些苹果店面设有“天才吧”（Genius Bar），为苹果产品提供即时支持和帮助。在这里，你可以获得帮助，解决硬件问题，并对必要的维修选择进行讨论。有时，甚至在你等待期间，产品就能得到维修。这种与技术支持人员的私人直接交流，会让感恩的客户成为他们一生的粉丝。
- **一对一服务：** 每次购买电脑后，客户都会获得额外的一对一服务，即在购买电脑后两年内获得指导。客户可以自由制定不同时长的培训课程，在苹果专家指导下学习如何有效地使用硬件和软件。
- **确认预约：** 苹果公司会向在店面预约过的客户发送确认邮件。这一简单做法不仅能让客户感觉受到重视，也能提醒他们有预约，从而减少了失约的数量。
- **员工协作：** 无论你是在“天才吧”，还是通过一对一的培训课程寻求帮助，如果接待你的苹果员工不确定其答案，他或她将会与其他员工协作以寻求解决方案。这种寻求帮助的能力可向客户保证，苹果的确拥有一个能够解决任何问题的完整团队为客户提供服务。
- **短暂的等候：** 苹果店面的员工，人手一部收银机，极大减少了结账时间，使购买更加无缝衔接。
- **个性化设置：** 此服务能确保客户在离开苹果店面前了解如何使用他们的新设备。向客户展示如何充分使用刚刚购买的产品，不仅让客户更快乐，对购买的产品更满意，同时也降低了后续的客户服务费用。
- **店内课程：** 如果说个性化设置服务还不够，那么一些苹果店面还会定期提供相关课程，解释设备使用的基本知识，突显最有用的软件功能，增加客户对产品和品牌的好感。

- **店内活动：**由于店内课程和嘉宾讲座等店内活动的开展，苹果不但增加了店内人流量，扩大了客户参与度，还增加了客户购买其他产品的可能性。从情感角度来看，客户觉得苹果可以帮助他们，使他们感到快乐，并给予他们一定的权力。
- **确认退款收据：**苹果收到退款要求时，会发送一封电子确认邮件，通知客户退款请求已收到，并正在处理中。这样的举措不仅让客户感到安心，还能让他们感受到自己的需求得到了满足。
- **软件开发工具包：**起初，苹果为其所有产品开发了硬件和软件。随着软件开发工具包（SDK）的发布，粉丝和其他公司已经开发了超过100万个应用程序。不仅使软件开发商在全球范围内发布、销售其应用程序，还让客户和粉丝获得各种有用且有趣的应用程序，从而使苹果设备成为他们生活中不可或缺的重要组成部分。
- **满意度问卷调查：**在客户购买新产品时，苹果通常会发出满意度问卷调查填写的请求，激励苹果不断改进客户体验的各个方面。问卷调查还给了客户这样的感觉：他们的投入和反馈对苹果公司来说十分有用，而且也是其所期望的。

结论：客户体验品牌与其客户触点的总和一样强大

从苹果的案例中，我们可以了解品牌如何赢得客户的忠诚与专注。当你自己的员工了解客户体验，甚至以客户的身份体验时，他们便可以为改善体验和产品做出贡献，使其更加个性化、更让人愉悦、更有成效。为了充分了解客户常规体验的触点，你可以创建“触点地图”或“旅程地图”，详细记录购买前、购买中和购买后的所有触点。一旦拥有了这份地图，请尝试考虑让客户感到惊喜和快乐的显性因素以外的东西。许多情况下，有效的触点管理可以降低客户服务成本。此外，还可以通过鼓励客户互动和良好的口碑广告来降低广告成本。你在触点管理上花费的时间和金钱，可以产生营销策略中的最高回报。

Chapter 11

品牌效果：客户体验品牌化的实施

品牌传播不再仅仅只意味着营销或实践。品牌仍然需要运转；仍然需要让所有收益相关者，包括客户、员工、记者、投资者满意；仍然需要保持对话。然而，今天我们采用的方法要更个性化、智能化，因为单方面发送信息的时代已经一去不复返。

单向交流主导的是交易品牌化的世界。传播单个消息的目的是将信息灌输进人们的头脑中并影响他们的想法。重点有两个：一是信息，二是使用合适的渠道来定位恰当的个体或群体。

在现代世界，受众呈片段化，且已对“一条信息适合所有人”策略免疫，所以需要采用新方法。当前的策略同主题和故事一起发挥作用，直接影响人们，并让人们参与其中。当下势头强劲、潜力巨大的品牌并非只面向受众，而是需要尊重那些作为独立的社会个体，拥有自己的想法、兴趣和优先考虑之事的人们。品牌也需要与那些直接或间接参与到大型活动、持续对话中的人们交流。

如今，沟通需要包括高层管理在内的整个公司的全面关注。对话常常围绕品牌进行，也经常绕过品牌进行。让品牌陷入苦恼，有时也会伤害品牌。很多时候，品牌对自身的看法会和收益相关者对品牌的看法发生冲突。

为了应对这些冲突，需要更深入的参与。品牌需要与世界合作，它们需要倾听外界的声音，将世界和客户带进公司，创造一系列鼓舞人心的机会，让人们参与其中。品牌需要与人们的日常生活相联系，发展对话平台。如今，人们的思想更加独立和灵活。随着期望和兴趣的增长，通过对社交媒体的日常使用，以及网络和传统媒体之间的联系，每个人都可以发现很多冲突和体验，不再有隐藏的秘密。世界变得更加多样化、复杂化。品牌在制定策略时，也需要考虑到这点。

内容和戏剧艺术

品牌策略的实施由两部分组成：一是谈话内容，另一个是实施的戏剧艺术或戏剧性构成。显然，在你创建品牌时，惊喜至关重要。然而，为了保持品牌化和公司的发展，仍需要继续实施戏剧艺术，其中包括剧本惊喜。客户体验的主题必须提前准备并努力实践后才能生效。根据经验，我认为有必要开发相应的工具来管理今天的品牌实施，并将所有新要求都考虑进去。我所使用的两个最强大的工具是品牌对话图和品牌体验脚本，下面让我们详细了解一下这两个工具。

品牌对话图

品牌对话图是将品牌平台（品牌思维空间、品牌密码和品牌活动生成器）与共鸣对话相结合的一种新方法。共鸣对话支持有效的品牌化，并使其发挥全部潜力。它专注于故事的内容，以及在品牌连接下人们之间的互动，既可以是人与人间的私人互动，也可以是人们在公司中的互动。

社交媒体是双向的，可以用来倾听人们的意图，也可以提供人们参与的平台。为了鼓励这些主要发生在社交媒体里的品牌对话，我们可以使用品牌对话图。这个工具还可以以更系统的方式启动和管理对话。

无论通过哪种沟通渠道，品牌对话图都应遵循“内容第一”的前提。主题和故事允许品牌强调品牌思维空间的四个维度，并构成宏伟的品牌叙事。它们将对话联系起来，集中并聚焦品牌活动，定义叙事策略。这样，品牌可以有效且高效地扎根于受众的脑海中，形成一致的沟通模式，并成为品牌的独特之处，从而提升受众对品牌的认知度和忠诚度。品牌对话图中的主题并不是直接的单向沟通；相反，它们是真正的多渠道的沟通主题，旨在以全新、与众不同的个性化方式来启发、告知、促进和协调营销与沟通策略。

品牌对话图是关联品牌的主要营销工具，它以下面四个核心前提为基础，打破了传统的交易品牌化方法。

1. **从营销沟通到品牌对话**。关联品牌特别注重对话参与。这意味着不仅要与合作伙伴、客户、媒体和公众保持直接对话，还意味着倾听、预测并参与有意义的活动。品牌营销的重心已经从以销售为驱动的独白转向同时与多方缔结关系的对话。这也意味着品牌对话不仅仅隶属于营销功能。相反，与人（外部和内部）相关的所有触点都需要涉及，而且需要为品牌注入情感并使其变得鲜活。这种做法还能达到另一效果：它与单个核心信息（无论编排得多好）无关，形成的是统一的信息模式。
2. **从活动到主题和故事营销**。交易品牌化模式试图通过视觉形式、语言交流（标示、口号、图片）以及大型活动来捕捉品牌的本质。但是，品牌的真正价值在于它能带给与之互动的群体的意义。品牌交流已经成为多方面对话：人与人的交流，偶尔与品牌的交流。因此，需要通过有意义的方式，以合作伙伴而非干扰者的身份进入人们之间的谈话。品牌需要与更深层次的价值模式产生共鸣。而此时，货币就是信任。品牌的主题应与价值模式和品牌密码相联系，为品牌对话图打下基础，你从中获得的将是全新的、包容性的品牌故事叙述形式。
3. **从简单到简约**。忽视当今世界的复杂性、组织一系列不相关且缺乏深层逻辑的活动，这两种做法都无法让人们以有意义的方式参与对话，并完全启动品牌化。借助品牌对话图，品牌可以提供相关内容和体验来促进参与度及推广度，而这些内容和体验可以让客户融入众人合著的宏伟品牌故事中。品牌主题将品牌活动紧密结合在一起，允许品牌的多方面表达。品牌对话图的结构以“简约”的形式确保了其一致性，而“简约”是建筑师圈子和软件工程师圈子内使用的术语，意为通过在复杂结构中创建净化模式的方法来简化复杂问题。（弗莱德里克，2007）

4. **面向参与度和叙事。**跨媒体叙事有很多名称：跨媒体叙事、多平台叙事或跨媒体连续性。无论你怎样称呼，它都是使用当前数字科技，在多个平台，以多种格式讲述单个故事或故事体验的一种技术。它能够让人们更深入地参与品牌的某些方面，是从独白（一对一）到对话（一对多）再到多人对话（多对多，且有一方居于两者之间）的转变。品牌的生存不能再受到所有持续进行的对话的控制，并要找到不随大流的平衡方法。其任务是创建多个入口，供人们与品牌联系。品牌的作用是为个人和集体的品牌体验提供平台，同时也为鼓励分享和参与的共同创作提供平台。而品牌对话图这一概念恰好符合这一点。

跨媒体叙事及其运作方式

正如在创建品牌密码的过程中，多样化的投入有助于构建强大的品牌平台一样，跨媒体叙事也有助于构建和品牌密码力量一样强大的对话平台。

品牌对话中的跨媒体叙事专注于故事本身和演绎故事的人物。正如精心构建品牌密码以保证对品牌理解的一致性，创建跨媒体叙事是为了保证以更投入、更有趣的方式保持与品牌沟通的一致性。故事的创作就像将来自不同媒体的不同故事放在同一个网络上一样。

品牌主题：品牌平台与大趋势的联系

对于许多品牌来说，大趋势是核心战略问题，例如设置业务区域焦点。而耐克的“客户决定”便是其11条公司战略准则之一，与大趋势紧密相连，并在大趋势的作用下使其个性化达到了新水平（格林，2008）。它也清楚地展示了权力平衡的转变：客户开始创建他们自己的收益组合和关系网。在品牌对话图中，我们把这些联系称为品牌主题，它们在品牌当前定位与未来愿景间划清了界限。

大趋势本身含义广泛，但我们需要赋予品牌具体意义。与此同时，品牌也应该创造能在客户心中占据一席之地的品牌意义。品牌主题表达了部分意义（即品牌的核心理念），在大多数情况下，品牌主题并未直接阐明，而是隐含在品牌活动和品牌表达之中。这些品牌主题适当保持了品牌掌控和客户互动间的平衡。

品牌体验脚本：品牌活化的戏剧艺术

惊喜看上去应该是自发且意想不到的。但经常被人们忽略的是，我们也需要用一连串的策划来推动品牌关系和业务的发展。成功的惊喜需要不断重复，因此这样的“惊喜”需要提前策划。如果一个曾经令人惊叹的品牌似乎已经耗尽了其“惊喜之气”，则衰落的厄运不可避免，因为惊喜是维持当今关联品牌的推动力。

营销人员通常会将大量创造性精力花在让自己更具吸引力上，以求吸引潜在客户。但别忘了，你同样也需要吸引现有客户以保持销售势头。市场总监（CMOs）不仅需要督促员工和公司提高效率、降低成本、承担更多职责，也需要推动品牌组织以创造更多惊喜。

研究诺基亚和苹果这两个品牌，我们就会明白惊喜不再的后果。因为丧失持续制造惊喜的能力，诺基亚丧失了其手机界的霸主地位。而苹果也遭遇了近两年的沉寂，并且处在丧失魅力的危机中（古斯汀，2013）。但幸运的是，蒂姆·库克放出了一系列的惊喜（尽管仅是预发布产品）确保了苹果品牌的复兴。（奥布莱恩，2013）

苹果的案例表明，品牌制造惊喜的能力和创造力在客户心目中遭到破坏时，品牌本身具有惊人的恢复力量。不过，如果长时间没有任何新奇的事物出现，失落逐渐会变成怨恨，那么，品牌必须马上采取补救措施来度过低迷期。因此，我们迫切需要在四个维度中创造一系列不同的惊喜来复兴品牌，而不是再次套用以前的做法。

品牌在失去制造惊喜的能力之后，最多能坚持多长时间，这很难说清。因为这个问题很复杂，而且每个品牌都有其特殊性。通常对大部分品牌而言，一两年内还有望复兴，现代品牌很少能撑过三年以上的惊喜空窗期。

品牌体验脚本是可以持续激活品牌的结构

我所说的“品牌体验脚本”的灵感来自剧本结构。在这一点上，我得益于《电影编剧创作指南》（*The Screewriter's Workbook*）作者悉德·菲尔德（Syd Field）的启发。他的权威影响远不只在好莱坞，他在该书中创造的剧本结构被全世界的电影导演所采用。（菲尔德，1984）

品牌的戏剧性发展能使品牌形象深入人心。正如瑞典导演英格玛·伯格曼所说：电影语言直击人心。（菲尔德，1984）

正是在建构并且完成品牌故事的过程中，我们实现了品牌在思维中的定位，并且将强大、成功的关联品牌转变成为我们喜爱、信赖的朋友。与纯粹强调直接产品效益这一功能维度的交易品牌不同，建设关联品牌需要不同的方法。交易品牌的沟通建立在推动产品更新和对主要产品功能的细微改进之上，它们不断重复同样的信息，直至被客户的大脑所储存。

与关联品牌建立关系意味着客户们要敞开心扉，与品牌交朋友。品牌也要逐步赢得客户的喜爱。正如电影或电视剧中的主角们也是凭借其个性、意志和志向赢得观众的喜爱。正如电影制片人所说，在剧本中，这种驱动为观众提供了可以喜爱的目标、目的或意义。

编写剧本时，你不仅需要深入了解主要人物（产品、风格、价值观），还需要了解故事情节，包括开头（定位）和结尾（愿景）。所有脚本素材由品牌密码提供，以使品牌体验脚本的编写更容易。下文将为你展示品牌密码如何传递品牌理念和信息。事实上，品牌密码之于品牌故事就如同电影主题之于电影剧本。剧本需包括故事从何处开始，在哪里结束以及如何结束，而它的目的和意义又是什么？

- 产品即是介绍主角（即品牌）。
- 定位是主角现在所处的位置。主角与其他角色如何区别开来（包括其志向）？
- 愿景是故事的目标和结局。10 到 15 年之后，主角将何去何从，又会变成什么样子？
- 风格是主角的个人特征和个性。
- 价值观是主角的信仰和其生命中最重要的指导原则。
- 使命/意义是主角的人生目的，即主角想实现什么？

撰写品牌体验脚本

品牌体验脚本的撰写遵循着许多电影和戏剧使用过的经典三幕式结构。在第一幕中，阐明当前形势，故事朝着第一个转折点，也就是第一个情节点发展。而行动和冲突则发生在第二幕中，并且在第三幕（最后一幕）中结束。

第一幕：铺垫

在这一幕中，品牌做自我介绍，包括其与众不同之处（定位）和志向；品牌展示其个性（风格和价值观），我们开始了解品牌的驱动力、目标（愿景），以及可能的目的（使命/意义）。在第一幕的结尾产生第一个情节点，即将品牌发展转入令客户惊喜的方向。这一方向既可以是开拓新的营销领域，也可以是设计新的产品应用，又或是新环境中的新用途。对于关联品牌而言，惊喜既可以简单归结为通过社交媒体与客户互动的新奇手段，也可以被视为阐明或表达品牌目的和意义的新方式。这些活动体现了该品牌的四个维度。

第二幕：对抗、交锋

第二幕包括品牌的主要行动和“矛盾”，品牌如何克服障碍来达成目标（愿景）。品牌显然需要打败其竞争对手、挑战人们的传统观念和认知，以及证明它可以改变其竞争对手可能无法改变或者尚未改变的事情。这是品牌如何受到客户青睐，并被心满意足的客户所使用的传奇。在第二幕的结尾，出现第二个情节点，品牌再次出现令人惊讶的新转向。这次，可以是品牌存续期间的任何惊喜改变，例如增加新目录，与其他品牌联手，引进新的品牌产品或者为新客户和使用者提供不同的用途。

第三幕：解决方案

在这一幕中，品牌将解决第二幕未解决的问题，最后结束此剧集，并为后续埋下伏笔。在每部电影和每集电视剧中，第二个情节点都提供了解决方案，而该解决方案又能引出更多续集。

许多剧集中的品牌体验脚本

需要牢记在心的是，与策划一部电影相比，策划品牌体验脚本更像是在策划一部电视剧。电视连续剧的每一集都需要不同的品牌体验脚本。每一集都遵循电影的结构，所有剧集共存于更长的“情节弧”中：一个包罗万象的故事被分解成系列剧集，历时多年。任何一个品牌体验脚本的策划者如果能够做到以上这点，也就是说，在长达两三年的周期中，策划者如果能概述在每一阶段如何运营品牌，他就能从中获益。但请记住，在此过程中，保持脚本结构的开放性以容纳新的、意想不到的想法和变化十分重要。

在品牌体验脚本中，每一集都历时一整年。因此，每一年都包含了第一幕（铺垫和情节点一）、第二幕（交锋和情节点二）和第三幕（解决方案和伏笔）。

下一年，下一集将引用上集情节作为铺垫，即便它会介绍本集的起点、目标和企图。此后的每一集都遵循这样的循环模式。

这种结构清晰地体现在苹果公司首席执行官蒂姆·库克发起的一年两次的发布会上（苹果公司，2015）。他首先回顾了之前的挑战，并且自豪地报告了苹果公司取得的非凡成就，然后才进入下一环节，介绍新产品和新服务，或者对现有产品和服务的改进。同时，苹果公司别出心裁，将多种惊喜即新产品、新型伙伴关系或为所有客户提供的新音乐和新电影组合在一起，进行发布。惊喜的创新性即是其关键所在。

惊喜的系统传递

在关联品牌的世界里，一遍又一遍地系统性传递惊喜十分重要。因此，设计程序来制造源源不断的惊喜（当然了，要用上四个维度），并且计划好展现这些惊喜的步骤至关重要。关于这点，可以参照你小时候对生日惊喜的期盼。作为品牌真正的忠实粉丝和朋友，我们期待现今的这些品牌仍然能够重复执行之前的惊喜程序，就像从前父母为我们的生日惊喜所做的一样。如果他们没有这样做，我们就会很失望。

简化版品牌体验脚本

如果你觉得上述内容对于你的品牌和公司来说，有点过于野心勃勃、过于复杂，你可以将其简化为每年只发布至少一个惊喜。在你这样做的过程中，你可以围绕着品牌思维空间来进行，在第一年制造一个功能维度的惊喜；第二年，心理维度的惊喜；第三年，社会维度的惊喜；第四年，精神维度的惊喜；到了第五年，则又返回到功能维度的惊喜。

如果你的公司需要更多功能维度的惊喜，你可能不得不照做。但是你可以将每个功能维度的惊喜与其他任何维度相结合。这样，你就可以创造多样性，为你的营销影响奠定更广泛的基础，并且取得更强大、更深刻的关联品牌建设效果。

设置首席惊喜制造官职位

不幸的是，目前并没有多少学术研究或公司级的软件来帮助公司制造惊喜。这意味着制造惊喜完全是关乎个人想象力和勇气的事情，同时你还要做好被自己的惊喜吓到的心理准备。

Birchbox 是一家提供订阅服务的公司，每个月都会给客户寄送一份神秘的美容品小样；摇滚乐队——费西合唱团（Phish），从不重复相同的演出。这两个例子都表明，整个商业模型都可以围绕着惊喜的概念来构建。

应该由谁来对品牌的惊喜负责呢？毫无疑问必须是首席执行官。在每天工作结束之前，首席执行官要对公司的一切负责。其中必须包括持续制造惊喜，因为惊喜是品牌成功的关键因素。

但首席执行官不可能总是包揽所有事务。既然惊喜对于品牌如此重要，那么由专人来负责则理所当然。因此，“首席惊喜制造官”这一职位便应运而生。当然，这一职务也可由首席营销总监或首席品牌经理来兼任。但我建议你在公司高层里找一个人来担任首席惊喜制造官。

现在，很多公司还设有质量总监或首席可持续发展官。随着从老式交易品牌到如今关联品牌的戏剧性转变，质量和可持续性成为每个公司都希望做好的事情。如今，在社交媒体的持续关注下，质量和可持续性方面的问题会给公司带来极大的风险。在成百万的关注量和随时随地实况转播能力的压力下，任何劣质产品和糟糕的可持续性都将被迅速曝光、广泛传播。

结论：将系统性惊喜程序化

如今，新媒体渠道和现场活动中品牌对话所需的规划工具已不同于往日的机械化推动营销，我们必须为新媒体渠道准备内容和戏剧化元素。本章主要介绍了如何做到这一点。我们介绍了创造内容和戏剧化元素的两个完美工具。品牌对话图的灵感来源于大城市的地铁路线图，其中展示了主题、主角、场景和故事情节。而品牌体验脚本则源于电影和电视连续剧编剧，将一切融入统一的品牌连载故事中。

Chapter 12

社交媒体品牌化：传统品牌与关联品牌之间的区别

研究表明，尽管我们中的许多人都有成百上千的网友，但是我们80%的时间却花在了与固定的8到10个朋友的网络交流上（邓巴，2013）。社会网络研究还显示网络的最初使用目的是用于加强现有关系，而不是建立新关系。事实上，如果两个人在现实生活中见面频率越高，电话交流的次数越多，那么他们在网上的交流也就越频繁。与我们经常交流的这些朋友通常会对我们的决定产生很大的影响（包括支持和反对）。这种影响通常是来自我们对朋友的潜意识研究和从朋友那里学到的行为模式。在大多数情况下，我们可能都不会意识到朋友对我们产生了多大的影响：如果你的朋友很快乐，你显然也会很快乐。

这种影响会体现在购买汽车的习惯上。人们对车辆的选择通常是基于周围人所驾驶的车型。可见，社会认同能指导我们采取更喜欢的行动路线或恰当的行为。当我们意识到身边的人都和我们一样时，这种影响更为深刻。所以，在人们同与自己年龄、种族、背景或能力相近的人比较时，社会认同发挥作用的效果更显著。（福格，2003）

人们最容易受亲近之人的影响，因为这是他们平常沟通最多、交往最密且最为信任的人。总的来说，市场营销，确切地说，是社交媒体，需要关注人际间的紧密联系和许多独立又相互联系的朋友间的小群体。要找出一个影响力极大的人是很困难的——即使真有这么一个人存在。（博阿瑟

等，2006）

我们每个人在某些话题上都会对他人产生极大影响，而在其他话题上影响则相对较小。我们每个人都可以传播信息，因为我们都能把各个独立的朋友圈联系起来。与其试图找到几个我们认为能影响众人的大人物，还不如找一些小人物，把他们集中在一起，同样也可以对其他许多小群体产生巨大的影响。我们要把精力放在理解人们是出于何种动机去与人分享的，然后在此基础上，创造出人们愿意与密友小群体分享的产品和信息。如果你成功地做到了这一点，那么人们自然会将你创作的内容分享给他们的朋友，然后这些朋友又将这些内容分享给其他朋友。最终，你的信息将会通过最信任的渠道，传递给成千上万的人，与此同时，还能保持其个性化特征。

一家大型航空公司的个性化之路

当公司规模足够大时，能想到与各个独立小群体打交道并不容易。第一家成功做到这一点的先行者是荷兰皇家航空公司（KLM）。该公司在 2010 年 11 月举办了一个名叫“KLM 惊喜”的活动，活动旨在观察快乐是如何被传递下去的。公司让员工特地为那些在推特上分享其在该公司航班信息的乘客准备礼物。当乘务员对到达安检站或安检门的乘客实名问候并赠送个性化的礼物时，他们看到惊喜的乘客脸上露出了发自内心的笑容。

荷兰皇家航空公司这项活动的优先考虑对象为他们的忠实粉丝，并且与这些人建立联系。他们创建了一个网站和推特用以举办活动，加入四方网（Foursquare），并在 YouTube 和荷兰皇家航空公司的脸书主页上发布视频。他们想要在这些平台上与客户开展对话，真正地去了解他们。

随后他们进一步加强了这一行动，并且使活动更个性化。他们本可以为了节省时间，只给乘客们提供普通的免费赠品；但相反的是，员工们花了很多时间了解更多的细节，给客户们准备了一些对他们来说真正有价值的东西。荷兰皇家航空公司本可以将自己的研究成果运用于如何进一步使用社交媒体，但他们的理念和做法给人们留下了十分深刻的印象。他们向我们展示了如何通过数字媒体来确保大公司做到极具人性化的服务。一次小小的研究和为客户准备的小惊喜在一个月内为公司获得了100万的推特用户点击量，因为通过被推送、转发和口头宣传，这些惊喜的信息像野火一样传播。（皮瓦图，2011）

批评家还是品牌大使

在当今这个联通、透明的时代，一方面，客户们会毫不犹豫地曝光那些提供糟糕客户服务或产品体验的品牌；另一方面，客户们也渴望分享美好时刻——超出预期的品牌体验。普罗克托和甘布尔称其为“令人神魂颠倒的时刻”（内夫，2011），但是也有人称之为惊喜和喜悦的时刻，或是偶然的善意行为。这些慷慨的行为有振奋个人或团体精神，以及提高他们对品牌认知的能力。

你可以多做一些事，并为制造个性化的客户惊喜做出努力，因为每一个得到满足的客户都有可能通过社交媒体与成百上千或成千上万的潜在客户联系起来。正如你喜欢分享在酒店获得惊喜的小故事一样，要么是在周年纪念日时送了你一瓶香槟，要么是在生日时送了你一个免费的蛋糕，这些都是时刻激励着你与朋友和家人分享有关品牌善意之举的故事。

许多品牌现在利用这种惊喜和喜悦时刻给既有的和潜在的客户打造一种口耳相传的氛围。荷兰皇家航空公司是第一个，但绝对不是最后一个。

可口可乐的“幸福是家”（Happiness is Home）项目使得在海外工作的1100万菲律宾人有部分获得了回家过节的机会，这一做法给这些员工带来了幸福感（可口可乐，2012）。纯果乐（Tropicana）则在黑暗（北极整月的极夜）中，创造了一个巨大的、夸张的、炙热发光的太阳，作为他们“更明亮的早晨，更美好的日子”（Brighter Mornings for Brighter Days）活动的一部分（市场在线，2010）。西班牙航空公司（Spanair）的“行李惊喜”（Luggage

Surprise)，则使那些不得不在平安夜晚上搭乘航班的乘客们感到格外惊喜，航空公司在乘客们等待行李时，将为他们准备的礼物放在了行李传送带上（西班牙航空，2010）。这些美好时刻不仅使得那些享受此服务的乘客倍感幸福，还让后来观看该视频的人们也感受到了温馨。

是什么引发了这些社会驱动的惊喜和快乐时刻

许多因素促成了今天公司对惊喜和快乐时刻的利用。随着对品牌和公司信任度的降低，人们越来越怀疑品牌承诺和传统交易品牌的广告。公司在人们心中已成为疏远、僵化、贪婪的代名词。为了抵消这一负面影响，品牌需要“行动”而不是“广告”。行动不仅胜于雄辩，还能创造出宝贵的社会联系和共享联系。

此外，在今天这个以社交媒体为主导的世界中，社交媒体平台被很多人当作可利用的渠道来发泄不满，原因很广泛，可以从轻微的不便到重大的生活突发事件。公开分享的个人信息为品牌所有者提供了很多有价值的细节，包括客户的生活、感受和居住位置等。借助这些细节，品牌可以确定、跟踪现有和潜在客户并与他们进行沟通。

与传统的客户和忠诚度奖励不同，这些惊喜和快乐时刻不仅仅是为了奖励那些在脸书上分享对一个品牌表达喜爱之情，或者在推特上推送相关内容的人。相反，这些偶然的善意行为是为了给那些客户以意外的惊喜。这是自发的对话和宣传，提供了最大的价值——客户在社交媒体平台上谈论、分享那些惊喜时刻。

品牌如何获益

品牌最初也是最明显的好处便是得到简单的口耳相传式广告。一直以来，这都被视为是品牌可拥有的最佳广告形式。并且，通过每个客户在社交媒体上可以产生的潜在巨大影响力，口耳相传的价值能极大提高。品牌也能利用这些内容创造或保持与客户、用户的对话机会。新视频被疯狂传播的其中一个关键原因便是人们在这一时刻体验到了惊喜。

令人惊讶的是，大众品牌引起了那些见多识广的客户们的兴趣，他们正在寻找与自己具有相似理念和价值体系的品牌。通过这些慷慨的富有同情心的和人性化的行为，品牌可以营造人性化的品牌亲和力，得到客户的认同并希望成为其中的一部分。

品牌如何参与其中

在创造惊喜时刻时，需要品牌密码的引导。这些惊喜必须在情境上与他们的客户相关，并且与品牌目的和价值密切相关。这样，这些惊喜时刻便能强化品牌在人们心目中的地位，还能创建影响人们之后决策的积极联系。

数字营销信息网站 Clickz. com 的作者文森特·泰奥（Vincent Teo）为我们提供了三个很棒的社交媒体品牌示例（泰奥，2012）：

- 埃奇剃须啫喱（Edge Shave Gel）为客户提供功能性承诺，承诺刮胡子后没有刺激感。他们在推特上寻找那些抱怨每天刮胡子后都有刺激感的客户，并通过发送幽默信息和礼物（从早餐麦片到电脑）的方式来帮助客户们缓解这些烦恼。
- 女性卫生品牌高洁丝（Kotex）发起了一个很棒的活动，其中包含“女性灵感日”，以此作为庆祝女性独立个体的方式。因为品趣志（Pinterest）是一个致力于成为灵感来源的社交媒体平台，高洁丝在该平台进行了搜索并与 50 名有趣的女性接触。然后，他们仔细观察每位女性的“品趣志板”以找出灵感源，设计出有个性化装饰的袋子，并装满女性想要的东西。
- 舒洁纸巾（Kleenex）将惊喜时刻与该品牌目标绑定在一起，他们找到那些更新脸书状态并宣称自己感觉很糟的人，送给他们特殊的纸巾盒来帮助他们康复。

为什么有的信息被疯狂传播

约拿·伯杰（Jonah Berger）和凯瑟琳·米尔克曼（Katherine Milkman）在一篇名为《是什么使得在线信息成为病毒》（*What makes online content viral?*）的研究报告中阐述了继实用价值和兴趣（伯杰和米尔克曼，2012）之后，惊喜为什么能成为产品内容中最重要的要求。实用价值和兴趣通常与产品创新和开发阶段紧密相连，但惊喜还可以在随后的阶段中得到有效利用。

神经商业（Neuro Business）首席执行官、医学博士斯里尼·皮莱（Srini Pillay）的另一项研究表明，事实上，我们可以预测哪些信息将会被疯狂传播，而哪些不会。那些会被疯狂传播的信息具有明显的可识别特征，而且令人惊讶的是，它存在于发送者的脑海中。传播的信息触发了发送者大脑中的两个关键领域：第一个关键区域与奖励有关，即发送者赋予信息的价值；第二个区域则与从信息接受者的角度来看待事物的能力有关。(皮莱，2014)

上述两个因素有助于决定信息能否被疯狂传播。作为品牌经理，我们在发布信息时，要对其善加利用。你对信息的重视程度越高，就越能准确地预测别人对待它的态度，那么，在该信息的传播上，你也会更成功。

智能手机的普及

我们每秒钟都在创造历史。今天，已经有 20 亿人拥有了至今最为强大且个性化的科技产品：智能手机移动设备（莫斯顿，2015）。有了它，我们就能使用根据生活中的不同目的和任务设计的各种应用程序。

移动设备和应用程序已成为一种媒介，将我们与生活中大大小小的事务联系起来。他们已经成为我们最为真实和值得信赖的科技朋友，陪我们度过生命的旅程，不仅使我们每天与他人联系，而且还与我们所使用的大多数服务、产品品牌在线上和线下产生联系。今天，很少有人在买车时不使用网络，不管是在网上搜索有用的信息，帮你决定购买哪一款车，还是了解你想买车的经销商。而且，在汽车内部，内置移动设备已成为汽车产品的核心部分。今天，我们的汽车已经能通过带有综合导航系统、通信、信息系统的GSM（全球通信系统）与网络相连。近年来，我遇到过几个这样的汽车买家，他们在决定所购买车型时，大体上是基于自己是否喜欢这辆车的设备或是软件。

1964年，加拿大媒体哲学家马歇尔·麦克卢汉在他的著作《理解媒介：人类的延伸》（*Understanding Media：The extensions of man*，1964）中创造了“媒介即信息”这一表达。他的意思是，与被传播的信息相比，技术和媒介本身能产生更大的影响。同样，作为品牌推广的思考者、教育家和顾问，移动应用程序的品牌化影响也给我留下了深刻的印象。因此，在麦克卢汉的影响下，我创造出了“应用即品牌”这一新的说法。

如第9章所述，继第一代包装品牌产品和第二代广告产品之后，交互式应用程序成了第三代品牌的主推特色。应用程序与客户、品牌、产品结合得如此紧密，因此，应用程序已演变成为品牌，不管它适用于哪种产品（iPad、平板电脑、iWatch智能手表或是内置防护镜）。而且，不仅在旁观者眼中如此，在那些既是旁观者也是用户的人心里也一样。

总而言之，我们与应用程序直接相关，它们是我们进行生活管理的重要组成部分。在我们填写表格时，它们质疑我们的智慧；在我们锻炼时，它们会质疑我们的表现；它们像朋友一样给我们建议，提供关于去哪里吃饭、购物和娱乐的意见。应用程序是自我认知的一部分，甚至可以被视为我们为塑造个人品牌所进行尝试的一部分。

在我们每个人的手机上，都有许多从未使用过的应用程序。这给应用程序设计者提出了另一项重大挑战：你设计出的应用程序必须是最受欢迎，且使用率最高的！

结论：社交媒体的应用程序的重要性

如今，品牌和公司需要通过私人化和个性化的方式，重新获得消费者的信任和关注，这一点比以往任何时候都更为重要。因此，关联品牌必须掌握私人对话的技巧。

大公司必须参与到许多小群体的私人对话中，打破单向沟通的模式，并且想办法使这些对话足够有趣和出人意料，以使参与者愿意将其与他们感情上亲近的人分享，从而重新创造公司信誉及客户对品牌的信任，这一点尤为重要。智能手机的应用程序是消费者直接与品牌沟通的绝佳渠道，但只有在应用程序与品牌相关，并能提供良好的用户体验为当今苛刻的用户创造价值时，这一做法才行得通。

Chapter 13

品牌危机管理：以意想不到的方式打破“陈规旧习”

作为一个品牌顾问，在品牌危机出现时，你如果不是第一个被召唤的，也会是第二个。多年来，我在紧急时刻被召唤过许多次，以帮助品牌解决危机。因此，在品牌化的危机处理方面取得了相当丰富的经验，其中包括在危机中对公司声誉和形象的快速维护。

当然，在危机中，还有其他需要考虑的因素，如技术、供应商、机构、财务或股东问题和政府关系，这些问题同样重要。但和与品牌相关的问题相比较，这些问题通常更容易处理。因为与品牌相关的问题涉及人们对品牌的认知。在危机开始时，信息真空会造成对已发生事件的臆测和纯粹幻想，并且人们通常会认为，不管发生了什么事情，都会对品牌产生不利的影响。

有时，最严重的危机出现在公司内部，如不良行为没有被阻止，逐渐扎根于公司中，最终被公开化。落伍、过时的公司文化，冷漠无情或错误的个人行为也会有意无意地破坏诚实、道德或透明度这些公司和品牌文化的核心。

2015 年，大众汽车尾气排放处理

2015 年，大众汽车集团的高级管理层允许对大众汽车的排放性能结果进行监控，我们也因此见证了这样一个危机案例。当时，近千万辆柴油车的测试结果显示，由于安装了一款特别的软件，从而使所有受检测车辆的最终排放值

都很低，达到“作弊”的效果（霍顿，2015）。这种做法引发了一场重大的灾难，整个大众集团的财务受到极大影响，股价暴跌，大众和奥迪这两个品牌都受到了直接的影响。

在丑闻爆发期间，记者和商业领袖们问我，大众是否能渡过此次危机。我的回答始终如一：能。我始终如此坚定的原因是丑闻从不会影响到客户。相反，由于环保谎言，从马力和燃油经济的角度来看，大多数客户的汽车实际表现比看上去更好（卡普和叶瑞柯，2015）。这一事件对客户产生的唯一负面影响是，他们的汽车将被召回维修，以确保达到环保标准，而且驾驶性能可能不如以前好。可是，对客户更直接的伤害本应该是大众的糟糕方案。

然而，虽然许多顶级汽车品牌也经历过几乎同样大的危机，但没有运行中断和类似的近乎致命的缺陷，所以大多数都渡过了危机。比大众汽车自己的生存更受关注的是，这种影响延伸到整个德国汽车行业，甚至是对整个德国工业的信任。“这可能发生在世界上任何地方，但不可能是德国”，诸如此类的评论很典型。这对德国品牌的长期性影响难以预料，如果这种可能性确实存在的话。

令人惊讶的是，在丑闻发生后的几个月里，尽管整个汽车行业的销售额都在增长，大众品牌的销量却下滑了。但是在 2016 年 1 月，即丑闻发生三个月后，大众汽车集团的市场份额已开始再次回升。（拉威尔，2016）

记者和商界领袖也问过我，可以采取何种措施来使品牌恢复元气。我的建议是打破大众汽车大男子俱乐部的模式，将最高管理层的首席执行官换成一位女性。大多数情况下，我的建议主要来自打破这种模式的愿望，但是这种做法也被看作通过引入更环保、更人文关怀的公司文化来拓宽视野，以使大众集团能迎接未来的挑战。随着全球变暖，严格的排放控制和私家车在人们生活中的作用越来越受到关注，我认为更多身处汽车行业的女性会给这一“男孩儿玩具行业”带来巨大的利润。

如何打破不理会客户投诉的模式："美联航摔坏了我的吉他"

今天，我们还见证了另外一种商业危机。这种危机并不是指成千上万的人一起进行数千次投诉和索赔，而是指个人被忽视的索赔要求。这在过去是闻所未闻的。尽管范围有所不同，但这些个人索赔给公司带来的危机几乎是一样的。在当今的互联世界中，他们有可能迅速发展成为涉及数百万人的危机，激发人们表达自己的情绪和不满。这就是典型的雪球效应，以一个事件为触发点，引发更多相关的个人丑闻。这些看似很小的事情累积起来，便会导致一场熊熊大火。

这些小索赔事件升级的原因应归功于社交媒体，它赋予个人惊人的力量。社交媒体打破了旧模式，并以一个个新启示使我们一再感到震惊。这些启示便是：当有人企图颠倒事实时，我们的力量到底有多大。

"美联航摔坏了我的吉他"是个体索赔给公司带来危机的早期案例。这一事件始于戴夫·卡罗尔，一个大多数人从未听说过的加拿大音乐家。戴夫与他的乐队一起制作了一个 YouTube 视频，记录了他的真实生活经历：2008 年乘坐美联航航班时，他珍贵的吉他是如何被损坏的，以及随后航空公司的反应。该歌曲于 2009 年 7 月发行，迅速成为 YouTube 和 iTunes 的热门点播歌曲。这也给美联航带来了极大的麻烦。在歌曲中，戴夫·卡罗尔写道：在美联航托运期间，他的吉他被摔坏了。他还写道：航班在芝加哥奥黑尔机场短暂停留期间，一名乘客惊呼停机坪的行李处理人员将吉他抛来抛去。到达目的地时，他发现价值 3500 美元的泰勒吉他被严重损坏。歌词有如下几行："我本应该乘坐其他航空公司的航班，或者开车，因为美联航摔坏了我的吉他"。（卡罗尔，2009）

YouTube 视频是在 2009 年 7 月 6 日上传的，第一天的点击观看量就已经达到 15 万次，仅一个月后点击量提高到 100 万次，两个多月后已高达 500 万次。大规模的曝光迫使美联航不得不联系卡罗尔，并主动提出赔偿。视频在线发布

的四天内，美联航的股价下跌了10%，其股东损失约为1.8亿美元。（艾尔斯，2009年）

事件发生后，很多公司都纷纷邀请卡罗尔做关于客户服务的演讲。然而，具有讽刺意义的是，在作为演讲者的旅途中，美联航又弄丢了他的行李。这首歌被《时代周刊》命名为2009年十大疯狂传播的视频之一（费莱彻，2009），甚至以《客户（不）服务》[*Customer*（*Dis*）*Service*]为名被加拿大广播电视台和美国全国广播公司财经频道收录为纪录片。

卡罗尔于2012年5月出版了《美联航摔坏了我的吉他：社交媒体时代个人声音的力量》（*United Breaks Guitars*: *The power of one Voice in the age of social media*），详细讲述了他的经历。随着时间的推移，卡罗尔网上抗议活动的成功已经被用来证明公司在互联网时代面临的一种新威胁，并被视作投诉的好方式——保持尊重，不用大喊大叫。

绿色和平组织如何改变聚氯乙烯产业

1996年的一天清晨，在瑞典西海岸的斯泰农松德（Stenungsund），挪威海德鲁（Norsk Hydro）聚氯乙烯工厂的工人来上班时，一个身穿橙色工装的年轻男子被拴在工厂大门上，仿佛被钉在十字架上。记者和电视工作人员已经到位。这只是绿色和平组织（Greenpeace）在这一年中为抗议生产聚氯乙烯过程中使用氯和其他毒素而采取的许多行动之一。这种塑料材料被广泛应用于许多行业，而绿色和平组织的清单更关注的则是它在包装、建筑、汽车工业和医疗应用方面的使用。由于在聚氯乙烯被焚烧时会释放二噁英，绿色和平组织希望关闭这个利润极高的工厂。

工厂管理层迅速在地区报纸上发了一整版的文章，试图解释如果处理得当，聚氯乙烯并不危险。不幸的是，他们的解释收效甚微。正如绿色和平组织所料，海德鲁公司的努力使事情变得更糟。他们的反应更像是典型的、冷酷的、愤世嫉俗的实业家拼命地为自己辩护，而并没有提供理由充分和信息翔实的解释。

作为一名品牌化和媒体顾问，我被召来为挪威海德鲁管理团队提供帮助。我做的第一件事是向他们解释媒体的重要性。我认为这个看似理所当然的步骤非常必要，因为他们管理团队的成员大多是工程师和经营管理人员，从来未曾了解如何管理人们对品牌的认知。我首先画出了一个通用沟通模型（图13.1）。

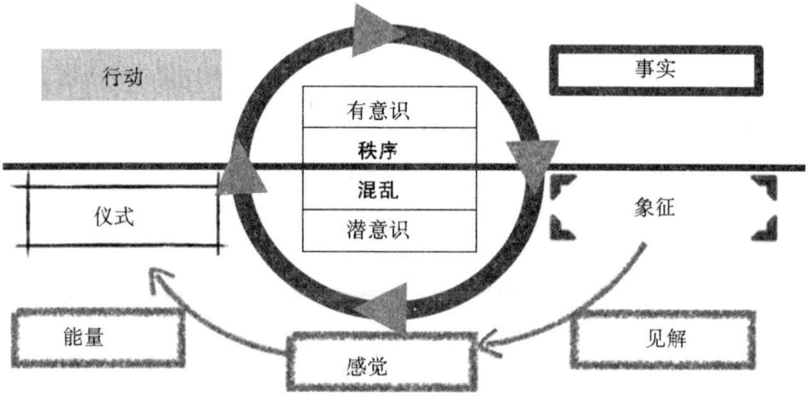

沟通时常起源于令人沮丧的幻觉，即在秩序和有意识思考的封闭领域把*事实*变为*行动*，但这从来没有成功，因为事实缺乏情感能量。为了成为一个成功的沟通者，人们总是不得不凭*感觉*对信息进行管理。这是在借助*符号*和*神话*的帮助去寻找信息中的情感联系的过程中产生的。现在，情感*能量*被创造出来，并以象征性行动为形式（也称为*仪式*），为人们的思想提供力量，使他们*行动*起来。且在行动以后，事实上总有真正的兴趣对已发生的*事实*进行解释、组织和证实。因此，所有良好的沟通会以一种螺旋、反复、循环的方式继续上升，并且，随着每一个循环完成后，新*见解*的产生而不断得到提升。

图 13.1　通用沟通模型

我建议他们不要继续做人们期待他们去做的事情——用事实来解释——挪威海德鲁应该反其道而行之，即用他们自己的方法对抗绿色和平组织。与其防守和辩护，不如打破他们自己和公众对塑料——这种我们用完后随手就扔掉的无价值废物——的期待模式。

对于如何打破人们对塑料，尤其是聚氯乙烯的看法，我有两个想法：

第一个想法是在几个星期前我和一位名叫卡罗斯克卡的瑞典艺术家会面时偶然想到的。她告诉我，她想办一个关于塑料的展览，灵感来自一个斯德哥尔摩广告艺术总监所收集的大量日常塑料制品。卡罗斯克卡想扩大他的收藏，并在斯德哥尔摩中心最著名的文化会馆举办一个大型塑料品展览。然而，融资是一个问题。

因此，我询问挪威海德鲁是否考虑为该展览融资，并指出这是及时打破旧有模式的机会，即挪威海德鲁和塑料及聚氯乙烯所代表旧模式。他们同意了，并且展览在一个月内成功举办。展览引起了许多媒体和在瑞典文化界有影响力的名人们的关注，并且促使一位著名文化记者以《塑料——现代黄金》（*Plastic-the modern gold*）为标题写下了评论。在媒体的作用下，塑料被赋予了文化和艺术价值。展览中最重要的展品是一个装着血的塑料袋，挂在钩子上，准备给人体模型的手臂输送救命的血液。尽管废弃的聚氯乙烯在焚烧时会释放出毒素，但其在医学上的使用价值是无可替代，它是唯一一种能容纳血液，而又没有传染风险的物质。

我提议的第二项活动也致力于将塑料视为有价值的东西，而不是废物。该活动是要立刻在瑞典展开塑料回收计划。想要说服管理团队中的工程师和经济学家这么做非常困难，原因有二：第一，举办艺术展览容易得多，因为已有现成计划，只需要付诸行动，而回收计划需要从零开始；第二，塑料回收在技术上难度很大，且被视为没有经济性价值。我不得不再次求助于沟通模型，来解释回收与赚钱无关，甚至也不需要任何成本。然而，这对于帮助人们理解塑料与那些用完后可以随手扔掉的废物不一样，它有其自身价值，却是至关重要的。

最终，挪威海德鲁和绿色和平组织之间达成谅解，这一点出乎所有人的意料。这个案例变成了一个故事，讲述了绿色和平组织这个非营利组织，起初曾游说欧盟全面禁止聚氯乙烯，对挪威海德鲁商业公司造成了严重影响（海德勒，2013）。这种影响首先改变了瑞典聚氯乙烯行业的游戏规则，接着迅速传遍全球。它从根本上改变了行业的做法，驱动了可持续商业战略的发展，刺激了聚氯乙烯制造技术的开发，即以稳定、无毒的替代品取代了有毒、有害的成分。

结论：以打破预期模式的方法来处理危机

对于公司应该如何应对危机，人们有非常明确的、刻板的观念：首先是保持沉默，接下来是否认，并试图解释或威胁。其实只要打破这种预期模式，你就可以找到解决危机的方法，与此同时，还可以获得对手的尊重，并将损失控制在最小范围。今天，仅仅转变态度去认错是不够的。你必须给出充分的理由来解释过去的选择，并找到方法来弥补公司错误所造成的损失。这一切通常是由错误的公司文化造成的。与挪威的水电事件一样，只要想办法得到人们的支持，你甚至有可能将危机转化为令人称道的成功。

Chapter 14

公司文化：
使你的员工感到特别

公司文化与品牌大同小异。如果一个公司想要创造极佳的客户体验，为客户提供惊喜，显然需要公司内部文化的支持。关于与众不同、令人惊喜的公司文化如何引导公司走向成功，我们有很多案例。对于那些很难让人感到兴奋，甚至可以说是无聊，或无法创造惊喜预期的公司来说，公司文化尤其重要。

公司在其创始人所倡导的公司文化引导下走向成功的一个著名例子是马云的阿里巴巴。阿里巴巴是一家电子商务公司，通过网络门户提供各种销售服务。而这个惊人案例在商业上取得的成功都源自其创始人马云推出的文化。你可以在互联网上阅读到许多关于这种文化是如何为马云服务的案例，从大型聚会上他扮小丑到他筹划的大型集体婚礼，都践行其核心业务原则："认真工作而非关注自己"（扎库尔，2014）。每年，他都会邀请公司所有新婚夫妇参加一场盛大的集体婚礼，这是为庆祝员工结婚举办的大型活动。当然，阿里巴巴的员工都非常喜欢自己的老板，觉得为马云工作感觉很幸福。

马云的领导魅力使得阿里巴巴人才云集，员工们把他视为榜样和成功典范。事实上，他曾是一位英语教师，在自己的厨房里创业；他将阿里巴巴发展成互联网领域，甚至是世界上最大的公司之一；他自己成为世界上最富有的人之一；所有这一切都体现了阿里巴巴的公司文化和品牌信息，而这一信息几乎隐含在他所说的每一句话中。他说："一切皆有可能，你可以做到所有你想做的事情。”一切取决于你自己。

另一著名案例是美捷步（Zappos），它以在线零售鞋子起家。作为鞋子零售这种很难被人们视为很酷或高级的行业，美捷步与数百万同类销售商唯一的不同便是它的公司文化。首席执行官托尼·谢（Tony Hsieh）主张推行略带怪异的公司文化，十项核心价值中的一条便是：创造乐趣和一丁点儿古怪。有一点儿古怪是美捷步的员工必须具备的重要品质之一。在经过培训后，有些员工被支付遣散费离职，不是因为表现不佳，而是因为不适合公司文化（《哈佛商业评论》，2008）。2009 年 7 月亚马逊以 10 亿美元收购了美捷步，目前它已成为亚马逊独立运营的一部分，即便是对于有着极佳客户体验记录的公司来说，也是一笔令人震惊的巨资。

第三个关于强大而又有效的品牌文化的例子是瑞典公司——宜家，世界家具和家居用品零售行业的领头羊。与许多其他国际商业文化相比，宜家的独特之处在于瑞典式的管理风格，这是宜家品牌文化的一个不可分割的部分。上海宜家的中国经理安吉拉·朱，很好地描述了宜家公司的管理文化。宜家的团队管理不存在等级之分，很受欢迎。然而，要确保员工各司其职是一项挑战，我们必须承担责任。我们的一些同事和专业人员曾在其他外资公司工作过，比如百安居、家乐福和沃尔玛。他们发现了巨大的差异，在宜家，他们觉得主动采取行动是可行的。当我们雇佣新人时，我们是通过以价值为导向来招聘的。我们设定了清晰的愿景和价值观——直率、谦虚、主动。在中国，谦虚不是新事物，但我们在宜家的做法是，以谦逊的方式表达我们强烈的愿望和主动性。（伊萨克森 2008）

如何创造良好的客户体验文化

有时候，我发现企业家对公司文化的兴趣比品牌更浓厚，直到我告诉他们公司文化和品牌是一样的。然后，他们就会在较早的阶段实施品牌化战略。虽然大多数不从事品牌业务的人认为品牌与营销密切相关。但事实是，公司文化与品牌基本相同，或至少公司文化是品牌基础的密切应用。

以下五个基本点能帮助你借助强大、与众不同的公司内部文化来实现客户体验品牌化。

1. **让你的员工感到自由。**当你的员工感觉自由，同时，对你的公司文化有依赖感时，他们绝不会离职寻找下一份工作，即便那是一份薪水更高的工作。你应该为员工们提供顶级、极具吸引力的工作场所，让他们引以为傲。
2. **创建令人惊奇且意想不到的公司文化。**这些令人惊讶的体验源自创始人个性化、真实而疯狂的生活理念或观点。其目的是使公司不同于其他工作场所。为一个敢于与众不同的公司工作会让你也感觉与众不同，这就是重点。今天的人们可以做一份和其他人相同的工作，过着与别人相似的生活，但是如果他们在一个有着强大且与众不同的公司文化的地方工作，他们的感觉也会很不一样。
3. **保持差异的感觉。**由创始人发起的仪式性活动，如马云一年一度的“集体婚礼”，使员工们感受到了个人与公司的联系。可感知的亲密感或认同感是公司文化的中流砥柱。
4. **建立强大的公司品牌和文化，使公司成为有吸引力的工作场所。**品牌如果想吸引为品牌服务的人，薪资水平是次要的，职业发展可能性是次要的，甚至工作满意度也是次要的。在今天关联品牌化的背景下，一个有着强大内部文化的、很酷的工作场所，对品牌化和公司及其产品的营销来说意义重大。
5. **以一个好的理由来开始或加强你的公司文化。**正如西蒙·斯涅克（Simon Sinek）在他的书中所说（斯涅克，2009）：“所有公司都能解释清楚其经营范围，有些公司能解释他们是如何做的，但很少有公司能清楚地阐明为什么这样做。”公司领导常犯的最大错误就是告诉员工们应该努力赚取金钱或利润。金钱或利润不是原因，而是结果。你需要了解你的“崇高目标”——你的公司存在的原因，你的业务为何如此重要。

“崇高目标”的范例

以下是一些标语示例，阐述了品牌的崇高目标或建立原因：

- 设计造就更为美好的世界——罗德岛设计学院
- 我们延续了生命——安进生物医药公司
- 每个人都赢了——纳斯卡
- 我们组织联邦雇员以确保每一位联邦员工都能受到尊重和礼遇——美国财政员工工会
- 人人有游戏和互连的世界——伊克斯普罗拉蒂
- 为所有运动员创造机会——特殊奥林匹克运动会
- 为世界上的每个人提供信息——谷歌
- 为人类进步思维而生的工具，给世界带来了巨大贡献——苹果
- 为客户、员工和经销商提供快乐——美捷步
- 提高效率，提高 CEO 的生活质量——Vista 国际

载着最重要的乘客再次起飞

21 世纪初，斯堪的纳维亚的顶级广告公司应邀为该地区最负盛名的广告客户——斯堪的纳维亚航空公司——做宣传。作为欧洲最古老的航空公司之一，斯堪的纳维亚航空公司的所有权在很大程度上归属于挪威、瑞典和丹麦政府。

这次宣传花了半年的时间，而我是斯堪的纳维亚的创意总监，领导三个国家的广告团队。然而，当我们与斯堪的纳维亚航空公司代表会面，预计开始对

广告进行简短介绍时，我们大吃一惊——航空公司和它的客户间完全没有信任。情况严重到，如果乘客们有其他选择，他们中的大部分人会选择乘坐其他航空公司的航班。尽管最近出现了低成本航空公司，但在2000年时，斯堪的纳维亚航空公司对大多数航线都拥有实际垄断权，乘客们实际上并没有其他选择。

在介绍情况时，我们的新客户告诉我们，在解决客户投诉和改善服务体验前，我们不能打任何广告。斯堪的纳维亚航空公司认为，如果公司在那时开始新的广告宣传，客户们会以愤怒回应。

我们是一个广告团队，在那天下午我们沮丧地回到公司时，我记得我只想到一件事：如何绕过广告禁令？我们如何能够在没有广告的情况下，改变乘客对航空公司的看法，在他们之间建立信任感，并在此基础上让航空公司恢复原貌、改善服务，而后再用广告巩固该过程。

这里的关键在于打破公司内部和外部所有人对公司的体验模式。公司文化已经日落西山，丧失了前任首席执行官詹·卡尔森（Jan Carlzon）为之营造的魅力，詹·卡尔森通过提升商务舱地位的方式将航空公司打造成了“商业人士的航空公司”。尽管斯堪的纳维亚的社会阶级结构较为平衡，但在放松管制和新竞争者的出现开始削弱商务舱服务模式之前，这种做法仍然是成功的。在书中，他解释了如何重建公司文化，以鼓励低层做出决策，使公司结构更平衡、分散和有效（卡尔森，1989）。这为迎接新的变化做好了准备，公司内部文化已经准备就绪，可以准备使用第二个改革方案，这一次使其更具包容性。

我的想法是让这只旧钟倒回去，使其充满能量，以激励全员投入的方式打破固有模式。首先从内部开始，然后通过引入航空公司的乘客来发展外部介入，通过将乘客带上飞机来帮助我们改善航班服务。这是我第一次真正理解包容的力量，当员工和乘客共同参与、一起工作并致力于成功的时候，力量就会到来。我们把所有人都带上了飞机，没有人留在地面上抱怨。

那时，我还学到了另一个重要的教训：当客户对你大发雷霆并抱怨服务糟糕时，你仍然有机会让公司生存下来。当客户安静下来，并默默转身离开时，你才应该感到害怕，然后尽快关闭公司，以阻止资金外流。客户抱怨说明他们仍然对你感兴趣，仍然希望看到你有所改进，然后摆脱危机。如果你还能维持客户的兴趣，即便他们是因为没有选择而被迫对你感兴趣，他们仍然有兴趣帮助你恢复元气。事实上，他们希望被你当作顾问。希望你能聆听他们的声音，给他们机会力所能及地参与进来。让客户认为他们对你很重要，你因其客户的身份而尊重他们，这一点很重要。当他们感受到这一切后，他们开始尊重你，并相信你可以改善自己的业务，能给他们提供更好的服务。

所以，既然我们已被告知不能做广告，我决定开展一个重要的研究项目。我的团队认为我疯了——我们是一个广告公司，不是一个研究机构。但尽管如此，我们还是征求了客户的意见，问是否可以引入一些管理顾问在整个公司进行调研，以了解内部员工对服务开发和改进有什么想法。

由于所有持久的变化都是在建立公司内部员工之间信任的基础上，所以结果证明这是一个非常成功的想法（更多内容，参见 15 章）。我们大规模调研的成果是制定了包含 100 多个改变项目的目录，其中包括无票乘机、新制服、飞机上新的食物，以及新的休息室等。它还包括一些非常有效的措施，如现代飞机和极好的计时器。

从这个列表中，我们选择了 90 个项目，并建议我们的客户咨询其飞行常客，询问他们对这些项目的看法。这 25 万黄金会员是航空公司赖以生存的中坚力量，而其余的 1000 万乘客只在其业务量中占很小的一部分。我们的客户起初不情愿，这不难理解，他们不想因为这 90 个问题而进一步激怒那些满腹怨言的核心客户，即使只需要在 1 到 5 这几个数字间做出选择。这些飞行常客都是商务人士，身份重要，而且忙碌无比，把他们的时间花在冗长的调查上过于浪费。或许，斯堪的纳维亚航空公司就是这样认为的。幸运的是，我们能够说服他们，让他们明白这是与品牌认知有关的问题。如果问卷只有 30 个问题，会被认为过于敷衍。而包含 90 个问题的问卷则是花时间和精力准备的，因此这也暗示我们已经对此进行了足够的调研，并对这些问题的答案真的很感兴趣。

我们得到了斯堪的纳维亚航空公司的许可，而我们问卷的收回率也达到了95%。几乎所有繁忙的商务旅客都想参与进来，以期让航空公司做出改变。他们期待服务水平的改变；他们期待改善；他们认为公司可以做到这一点。这极大地激发了航空公司的内部自信，促使其表现得更好。

当我们最终能够重新开始广告公司的工作时，首先用较小的广告试水。尽管我们的客户很担心，但是没有乘客以生气作为回应，即便大部分改善措施尚未到位。每个广告都是功能性的，描述了一个新产品或一项新服务的改进，逐个介绍了每一项改进。这些广告都配备了一个“投票箱”，展示有多少经验丰富的商务旅行者曾经投过票并高度评价了我们调查中的这一特殊改进。

更令人惊奇的是，在后续采访中，乘客告诉我们，他们认为自己真正参与了让航空公司回到正轨、让航班再一次平稳顺利飞行、取得成功的过程。总的来说，因客户体验而生效的元气恢复速度比预期的要快。仅仅过了半年，乘客的态度就发生了巨大的变化。扭转航空公司困境的最后一步是一个优秀设计公司所设计的改进包装：新的飞机外形、新的制服和新的休息室设计推出了全新的公司形象。

新设计是在“这就是斯堪的纳维亚”（It's Scandinavian）的品牌理念下进行的。这家航空公司现在看上去更时髦、更现代、更斯堪的纳维亚，员工们也昂首站立，并且在经历了10年前的崩溃状态后再次成为“商务人士的航空公司”。公司和员工为自己感到自豪，乘客们也很高兴，并再一次回到了飞机上。

结论：公司文化也是品牌

斯堪的纳维亚航空公司在品牌修复行动中发动员工和客户，让每个人都感到特别，从而扭转其失败的客户服务体验。通过咨询公司内部和外部的人员，他们想要什么，以及他们将如何改进你的公司，这一举动向他们展示了最崇高的敬意，反过来，他们也会尊重你。

出于这一原因，公司有序管理，不要太官僚很重要；雇佣那些能做出成绩的优秀员工，既有一点独立性，不太容易被领导，又有点疯狂的员工很重要。公司文化的个性化，强调“文化”，而非“公司”，对激发人们激励和领导自己的能力很重要。

惊喜文化从公司内部开始，之后才会向外传播给客户、合作伙伴和供应商。因此，重要的是领导层要为在公司工作的人们创造积极的惊喜，无论是通过疯狂的表现，还是在面临危机，公司文化变得消沉和停滞时，可以向别人寻求帮助。

最后，包容性可以创建一种合作型公司文化，使员工和客户感到他们在为所有人的利益一起工作。我们是社会人，我们需要公司所提供的社会环境。我们的工作环境会对我们进行定位。虽然社会环境将永远是人们为大型机构工作的理由，但他们必须了解和培养自己的文化及自信心。

Chapter 15

个体品牌：
企业家的自信可以提升客户体验

我们生活在一个自拍的时代。在历史上任何时候，我们从未如此关注过自己的个体差异和自我实现。雇主如何激励雇员去有所作为，已成为一个问题，即使那些工作并不见得能促进自我实现。

在今天的商业世界里，对个体关注的另一个重要方面是建立公司的自信心，以不断地“捣乱”和制造惊喜。有人说，这一切都关乎激励和经济回报，也有人（现在比过去几十年更少）认为惩罚那些不执行的人更有效。

事实上，公司的自信心主要来源于核心员工的自信心和自我价值实现。在某些公司，这群人包括公司里的每一个员工。

客户最欣赏的是什么

与客户互动的个体员工可以成为品牌的代表。如果他们行为不当，代价会非常大，但是要将其修正过来，花费并不大。通常，良好的客户体验是个人积极、乐于助人的态度的体现。

这些年来，我曾问过那些在有良好客户体验公司工作的人们，他们认为最重要和最受欢迎的就是个性特征。同样的答案反复出现。当我们与有礼貌、友善的人，愿意倾听并对我们感兴趣的人，以及真诚、快乐和不强势的人打交道时，我们会感受到良好的客户体验。

也许，令人惊讶的是，我们对知识渊博的人印象往往不那么深刻，反而对积极主动寻找解决方案的人印象更深刻。尊重同事、不怕求助的人，往往比只会背诵答案的人更有帮助性。对产品或服务的参与有热情、有自豪感是另一种更受客户赞赏的态度。

我们很容易看出这些特质是如何造就良好客户体验的。每一种品质都专注于关注和尊重客户。即使客户有最终无法解决的问题，但是受到尊重并且知道有一个人真正尝试着提供帮助，往往能造就良好的客户体验。

如何实现客户体验品牌的个性化

我们都是单独的个体，希望享受个性化的服务。那些来自与我们相关的真实个体的个性化客户服务，可以增强我们对品牌的积极情感，减少负面情绪。那些能成功创造最佳客户体验的品牌通常会努力获得个性化的权利。

通过了解需求、预见心愿和在客户体验中积极进取，你可以为良好的客户体验建立稳固的基础。通过对客户所提供的信息进行处理，并让他们了解相关信息的方式，来体现你的认真倾听。客户和公司员工之间的互动始终应该是个性化的，不要让这种关系成为另一种交易。你需要与客户建立联系，并花时间了解他们。你还应该保持灵活性和适应性，来使你的客户更加轻松。在频率和内容方面，允许你的客户控制个性化的程度，这样就能给客户一种被尊重和自信的感觉。

如何增强自信心

只要你保持自信，与你打交道的客户就会感到自信。然而，我们每个人都有不自信的时候，而在那些时候，要提供公司所追求的个性化客户体验则会更加困难。

虽然我们时常觉得很难提高自己的自信心，但我相信，在需要时，我们总有办法提高自信，而且不必依赖别人。不管当时你如何看待自己——不称职、不聪明或是不成功，你都可以改变对自己的看法，并且可以采取具体行动做到这一点。

以下并不是确定可以提高自信的行动列表，你并不需要完成全部或是按照我所列的顺序来做。从一个或几个组合开始，然后尝试其他的。有些会起作用，有些不会；有些大部分时间会起作用，但并不总是如此。信心不足是一种复杂的思维定式，需要时间来改变。

照顾好自己

这一简单的行为可以使你更自信。洗个澡就可以使你自己感到有很大的不同，这一点令人惊讶。然后，穿上你喜欢而且希望被人看到的舒适衣服。当你看着镜子里的自己能满意地点头时，你会感觉自己成功、得体，并且做好了准备去面对等待着你的挑战。

吃饭时不要舍不得花钱，也不要仓促吃完。你不必遵循严格的饮食规定或成为一个健美大师。花点时间坐下来，享受你正在吃的食物，可以减轻由于你自我感觉不够良好所带来的压力。

提升自我形象

尽管照顾好自己可以提升外在形象，但要建立真正持久的自信，你也需要提升自我形象。我们的思维定义了我们的自信，但它并不是一成不变的。在这里可视化是非常有用的工具。如果你希望自己在某方面与众不同，那就花五分钟，想象一下你想做什么和你想成为什么人。自我形象是由自己的想象创造的，而我们可以控制这些想法。有意识地思考自己的正面形象最终将有助于提高自我形象。

积极乐观地考虑问题

有意识思维的力量也可以用来锻炼自己保持积极的思考。开始时，每天花点时间，去了解你自己的想法。然后专注于积极的想法，并审视它们怎样对你的生活产生了积极的影响。但也不要忽视消极的想法。相反，只要它们一出现，就把它们赶跑。

确定与消极想法相反的积极想法是什么，并关注这种想法。像对待自然产生的积极想法一样对待消极想法，并关注这些积极因素是如何影响你的生活的。

一旦你发现消极想法，就立刻将其转变为积极想法。训练自己更加积极地去思考，因为这是我所知道的最佳的自信推动力。如果你觉得积极思考很困难，有一个简单的方法，那便是心存感激。每天留出10分钟来想你生活中值得感激的每件事。如果你想不出来，那就对最简单的事情心存感激：对自己还能呼吸心存感激；感谢你有充足的食物和可居住的房屋；感谢你的朋友，甚至是在遥远的过去发生的事情。请确保你确实用了10分钟的时间来想，并且在短暂的瞬间确实是真的心存感激。除了能帮助你养成积极思考的习惯，这个简单的练习本身就是非常好的自信推动力。

了解自己

当你花时间专注于自己想法的时候，你必然会比以前更了解自己。这并不总是愉快的体验，但它常常是有用的。为了解决问题，你首先必须了解问题所在。当问题是缺乏自信时，你需要明白的是，自信的缺乏源自何处。你可以开始坚持写日记来记录自己的生活及对自己的想法。你需要分析负面想法来自何处，以及你能做些什么来消除或减少这个源头的影响，也要对积极的想法进行分析，并找到鼓励积极想法的方法。想想自身的不足之处，并确定它们是真实存在的还是你强加给自己的。强加于自身的缺点可以转化为积极的机会，而真正的缺点可以用来分析，以确定缺点到底有多大。这一行动需要很大的勇气来深入了解自己，但最终可以大大地增强自信心。

表现积极

积极思考本身就有很大的好处，当你把这些积极想法付诸行动时，其影响会成倍增长。改变你的做法，你就会改变自己。让你的行动积极起来：微笑、和蔼和慷慨，把精力投入到你的行动中。当你微笑时，你不仅会对别人表现出快乐，而且还会欺骗自己的大脑，让你自己感觉也很开心。

善意的行为和慷慨是巨大的自信助推器，不仅对你，对其他人也是如此。它可以让你在一段时间内感觉良好，并改善你的自我形象。正如我先前所说，改善自我形象本身就是一种提高自信心的方法。

增强自身能力

增强自己的能力是建立自信心的最佳策略之一，它可以以多种不同的方式进行。最可靠的方法之一就是增加你的知识量。你知道得更多，你就会更加自信。所以花点时间学点什么，如你感兴趣的、可以影响你的生活或事业的研究课题。

你可以通过实践自己所学的知识来提高自己的能力。提升工作能力是另一种增强自身能力的成功方式。当你学到了一些新的东西，唯一能让你学得更好的方法就是实践。你不必一次性掌握一切，只要每天花 30 分钟练习，你的能力就会稳步增强。

你也可以通过准备来增强自己的能力。如果你觉得自己学得不够多，或者做得不够多，那么你很难对自己有信心。增强自信心的一种直接方式就是尽可能地多做准备。如果你正面临演讲，并且不相信自己可以在这么多陌生人面前发表演说，那么先对着镜子练习，然后再给亲近的朋友演讲。你需要确保所有的笔记、幻灯片和道具都已事先准备好，并且在练习中使用它们，这样就可以确保在演讲中充分使用这些东西了。

了解自己的准则

如果你不了解指导自己生活的准则，你可能会感觉生活没有方向。在迷失方向不知道何去何从时，你很难自信。认真思考你的准则到底是什么，并确保你能在实际中践行。仅仅说是不够的，你必须用它们来引导自己的行动。

专注于解决方法

如果你发现自己总在抱怨或遇到问题不去解决，如果你想永远提高自信心，你就需要做出改变。专注于解决方法而不是问题本身，就能打破建立自信心的障碍。无论问题何时产生，你仅需考虑“我可以怎样解决?”你可能无法立刻想出解决方法，即便你最初的想法听起来很可笑，在决定放弃这个想法之前，也需要花时间认真考虑一下。

设定小目标并实现它

没有什么能像成功一样提高我们的自信心，我们不需要设定远大目标，以在实现目标时获得良好感觉。设定自己可以完成的目标，在完成时同样会有幸福的感觉。

尽量建立实现目标的模式。先设立小目标，实现它，然后设定另一个小目标，也将其实现。这样一天之内你就可以实现许多目标。实现的目标越多，你的感觉越良好。设定可实现的目标，可以让我们更自信。我们对实现目标越自信，就越容易达成这些目标。在此基础上，我们可以设定更大的可实现目标，并且将其实现。

注重小细节

设定小目标，可以将难以操控的大项目分解成容易完成的小部分。面对艰巨、令人恐惧的任务，你首先应该问问自己第一步要做什么，并把它设定为你的第一个目标。如果你正在编写一本书，首先应该列出各部分的标题。然后列出第一部分的小标题，接着列出第二部分的小标题，以此类推。

项目越大越复杂，你个人设定的目标应该越具体。这样做会带来双重好处，既可以完成小任务，在完成一个个小任务的过程中，还可以积累成功的经验。在工作进程中，不要去想还有多少工作需要完成，回头去看看那些日益增加的已完成任务。

上述是提升自信的几种最有效做法，当然它们远非唯一的有效方法。积极行动起来，完成那些曾被推迟的工作，会让你保持良好的感觉。运动会释放脑啡肽，缓解紧张，激发体内的积极情感。站得高、说话慢的人经常被认为比其他人更自信，模仿这些行为会激发自信感。甚至像清理课桌这样的小事，在很大程度上也能增强你的自信。

树立企业家自己的个人品牌

一百年前，亨利·福特、安德鲁·卡耐基以及阿尔弗莱德·诺贝尔这样的大企业家们引起了公众的兴趣。随后，体育明星们引发了人们对其所处领域的兴趣：比约·博格激发了世界各地的人们对网球的强烈兴趣，泰格·伍兹同样激励了年轻、有抱负的高尔夫球手。今天大众对理查德·布兰森、埃伦·穆斯克或杰夫·贝佐斯这样的企业家比任何时候都感兴趣，达到了从大实业家建立了自己公司以来的顶点，将企业家们提升到楷模的地位，对于激发企业家，尤其是年轻企业家们对个人品牌的兴趣来说非常重要。树立楷模是成为行业领袖和建立自信的行之有效的方法。

品牌创建之初，你要考虑怎样在公司所有人面前建立自我洞察力和自信。你不仅需要把自己打造成为公司品牌的引领者，还要考虑建立员工与公司品牌之间的关系。这正是个人品牌创建能发挥作用之处。接下来则需要以简单的方式，亲自建立你的个人品牌，并与你过去创立或服务的公司品牌之间建立合作关系。

创建你的个人品牌

个人品牌的建立从确定“个人身份”开始。关于“个人身份”的确立，你是唯一的专家。你仅仅需要在这条路上得到一些建议。公司能以广受欢迎的活动形式为员工提供指导；个人则可以在有或没有私人指导的情况下，实现个人身份的认知。

我们的个人品牌战略，始于设定你自己的品牌，终于个人品牌和公司品牌的匹配。从开始到结束共分为六步：

1. **以他人对你的认知为基础建立个人品牌。**给10位你最重要的朋友、家人、同事、客户和伙伴发一份表格，要求他们描述你的个人品牌和声望。这与我在第6章谈到的公司品牌中的四维方法相同。
2. **开始致力于个人品牌的创建。**在阅读朋友、家人、同事和客户对你的四维描述之前，先给出自己对于个人品牌的四维描述。再将其与你朋友的版本进行对比。用自己的观点和其他人的观点来决定你可能在最终的个人品牌四维空间上要增加或改变的东西，最终结果将描绘出你希望在别人眼中自己是什么样的人。
3. **完成个人品牌创建。**大体可以按照第8章关于个人品牌创建的相同原则，为你的个人品牌写出座右铭。
4. **检测个人品牌。**使用个人品牌活动生成器创建四维活动能够帮助你拓展个人品牌，使你在人际交往中变得更重要、更有趣。
5. **重塑自我。**如果个人品牌的创建只有在略为改变个性的基础上才能奏效，也就是说，如果你想成为理想中的模样，则还需要做一件事：你需要重新回顾生命中的大事件，这些事件会将让你重走老路，想办法改变头脑中的这部分记忆。这听起来匪夷所思，但是在个人品牌时间轴的帮助下却是可行的。这种神经语言程序技术在《管理品牌自我》（*Managing Brand Me*）一书中有详细描述。（盖德和罗森克鲁兹，2002）

6. **个人品牌与公司品牌同步。**最后，为了使个人品牌的创建和你的公司品牌保持一致，你需要为公司创建一个品牌（或解码一个已有品牌）。具体做法详见本书第6章与第8章。因为品牌创建模型基本相同，这一步经常通常很容易做到。随后你可以研究个人品牌哪里与公司品牌同步，哪里不同步。

考虑这些可能的差异对你来说意味着什么：冲突？分歧？不同观点？公司文化以令人不安的方式呈现出的不和谐？评估公司品牌和你个人品牌之间误配的重要性。如果差异太大，你可以考虑换个地方或者一家公司工作（你可以以同种方式解码以及搭建个人品牌与新公司品牌的关联）。如果是你创建一家公司或一个品牌，则差异通常很小，情况或多或少都是同步的，所有一切大体都是积极、正面的。

作为企业家、创始人和公司领导人，在这一过程中获得的洞察力有助于加强公司和个人品牌之间的关系，也有助于你运用公司品牌和个人品牌之间的增效效应来建立品牌，实现两个品牌的彼此提升。

结论：一切都取决于个人自信

来自你个人、你的员工和你的客户的自信是营造积极客户体验的关键。大型组织的客户体验通常由个人表现来衡量。出于这一原因，你需要关注组织中的个体，激发每一个个体的自信显得尤为重要。你自身的自信可以激发别人的自信，这要求你尊重他人，信任他人的能力。个人自信的提高可以通过一系列具体行为的实施得以实现。个人品牌的创建意味着尊重个人，并且给个人足够的空间来专注于其个人品牌的建立，更要关注客户和同事们如何看待你的个人表现。

在当今关联性极强的数字世界，个体力量越发重要，个体行为已成为客户体验是好或坏的最重要决定因素之一。

案　例：
令人惊奇的案例

无论一个有建设性的想法有多好，在真正接受它之前，人们都希望能看到几个具体案例。当然，这一想法也适用于在这本书中所提到的概念。所以，以下我列举了个人最喜欢的一些案例。不妨读一读，自己思考一下，相信它们能激励你从自己的品牌和商业经验中找到更多的例子。

在这本书的其他部分我已经介绍了这些案例中的一部分。在这一章节，我将所有的案例收集在一起，只是为了方便大家能将所有案例进行集中分析。在一些案例中，我仅仅总结了之前提及的案例，并附上参考，方便大家在之前的章节中找到相关例子。对于其他案例，我则试图使其具体化，以为大家提供更多信息及更深刻的见解。

以下案例中有几个是众所周知的，在这些案例中，我的评论很简洁，主要是关注它们令人惊奇之处，以及客户体验品牌策略的本质和实施的差异性。

其他案例则可能少有人知，或者根本就是全新的案例，选择它们的原因在于它们很有趣、与众不同而且具有教育意义。对于这些案例和公司，我用了更多笔墨去解释以确保它们是有意义且有趣的。这并不意味着它们是更好的例子，仅仅由于它们可能需要更详尽的讲述。

苹果：基于客户理解的奇异成果

将复杂的东西简单化、娱乐化这一伟大的理念使苹果成为全球最有价值的品牌之一。每一个大品牌都致力于消灭消费者的敌人，并且尽力为消费者提供解决问题的方法。在深刻领会技术给消费者带来挫折和恐吓的基础上，苹果品牌保证其可以做到使我们更加热爱技术，允许所有人都有机会体验未来。

苹果一直耗费大量精力来研发技术含量极高的产品，并将其发布，从而使我们中的每个人都可以使用其产品。苹果能做到这点，完全基于其对用户需求和偏好的准确把握。一直以来，苹果都因未能成为新技术的领跑者，抄袭已有技术并冠之以独特性与新颖性而备受诟病。但是，技术上的新颖与独特并不是苹果公司关心的重点。

正如史蒂夫·乔布斯那句非常有名且经常被引用的名言，同时也是这本书的精髓所在："必须从客户体验开始，然后再回到技术上。除此之外，别无他法。"

那些对新技术极为狂热的 IT 公司总是将重点放在新技术的开发上，并且强迫消费者自己摸索产品使用方法，苹果也采用了相同的技术，但是却使得其应用更加简单。无论是 iPhone、iPad 、iMac，还是无线路由器，苹果公司的目标一直是使新技术能为所有人使用。

苹果公司也擅长产品宣传，从产品发布开始就是这样。其发布会通常会受到主流媒体和相关领域媒体的关注，且在发布会召开前的几周或几个月，人们就已针对其新产品在博客上展开持续讨论。苹果公司总是展现出它的自信，在线直播其发布会，就像直播重大新闻快报。在过去几年，苹果公司发布的广告数量极少，但是其宣传效果很好。苹果公司擅长与各类媒体打交道，包括从美国有线电视新闻网到科技博客，或者任何其他技术频道，以及像推特和脸书这样的社交媒体渠道。苹果轻易掌握了关联品牌的创造和发布技能。

苹果完美地实现了品牌体验。这一体验之旅始于制造对预期发布会的狂热，以及天才吧对用户的帮助，并在对所有苹果产品开箱即用的开机体验中持续发酵。然而，无论苹果在其发布会上制造了多少狂热，人们似乎需要更多。你只需看看人们怎样沉迷于其购买的iPhone和 iPad 中，就可以理解这一点。这一切都加剧了粉丝们对苹果这一品牌的热爱，并且产生了忠实的用户群。

即便我们认为苹果有可能对产品过分渲染，我们仍然期盼得到惊喜。当然，我们确实也得到了惊喜。即便我们追踪了在线讨论，对下一步苹果将发布何种新品了然于胸，也仍然会得到惊喜。苹果充分利用了我所说的复活节彩蛋效应——即便我们已了解内幕，但是打开盖子时，我们仍然会感到惊喜。在苹果案例中，我们因为自己的预想得到证实，而感受到了惊喜。

星巴克：从咖啡奇想到公共客厅的惊喜之旅

惊喜是以一种难以预测的、与众不同的方式展开的。当大众对于快餐的印象还集中在“快”字时，即在重要时刻的间隙中快速完成吃的任务，星巴克却反其道而行之。坐在星巴克，一边喝咖啡，一边在手机或电脑上读书、写字，或者与朋友交谈，你都不会觉得不自然。事实上，星巴克鼓励客人们这样做。

从星巴克的故事中，我们了解到如何使星巴克与同行业竞争对手区别开来，即便是对星巴克内部人士来说，也是完全出乎意料的。星巴克最初是为有品位的咖啡爱好者提供品质咖啡的供应商，受工人罢工以及南美咖啡生长区存货不足的影响，咖啡价格在1997年急剧上升（舍弗勒，1997）。即便在一段时间内，星巴克无法为客户提供其承诺的高品质咖啡。但在大多数地区，星巴克并未受到太大影响，因为客户并不只是被咖啡的质量所吸引。即便短时间内被迫供应低质量咖啡，其营业额仍像往常一样继续攀升。可以说，星巴克是一家靠丰富洞察力做大的公司。尽管暂时喝不到高品质的咖啡，但是人们仍然喜欢到星巴克坐坐。它已经成为人们的公共客厅，这正是其区别于遍布世界各地快餐店的独特之处，同时也是其成功的核心。

在每次商战中，他们都能充分利用洞察力这一优势，强调读一本书的价值。或者说，强调在喝一杯好咖啡的同时，有时间去阅读、去思考重要事情的价值。让客户尽情享受悠闲时光！

维珍：维持可预测性，添加不可预测性

作为第一批典型关联品牌商家之一，维珍的品牌关联意识无疑是超前的。当理查德·布兰森将处于不同领域的业务集中于维珍这一品牌名时，曾遭到当时许多品牌专家的嘲笑。但是他却成为新一代关联品牌建造者的领军人物，并且在当今关联品牌相对成熟期，与其他大多数品牌领袖相比，在这一领域，他仍然保持着领军人物的地位。

从一开始，维珍的关联品牌地位不仅是由布兰森个人确立的，同样也是由其变革性和娱乐性的态度所确立的。这从维珍航空最早制定其章程时，与以英国航空为代表的当权派的斗争中可见一斑（格雷戈里，2012）。而且，从其商业记录来看，其根基当然是以娱乐为主。但是颇具讽刺意味的是，娱乐至今仍未成为维珍帝国业务范围的一个分支。维珍一直致力于激励世界各地品牌（罗斯，2016）。但是，他们中的许多人并不知道建立成功的关联品牌该如何去做。其中一个最重要方面是不要只关注一种产品，而应关注品牌自身及品牌中产品间的相互关系，挖掘比产品本身更大的话题。关联品牌关系的核心及其发展历程可以浓缩成维珍策略的关键词：变革性与娱乐性。

谷歌：一个庞大的、惊喜不断的在线创意工作坊

谷歌在生活中各个方面的所作所为都是非常令人惊喜的。这是一种持续的、庞大的实验和探索，探索如何使地球上的生命在生活中的方方面面都能变得更好。

谷歌是最后一个进入网络搜索工具市场的搜索引擎之一（安德伍德，2004）。在谷歌之前，这一市场为许多强势品牌所占据——如网景（Netscape）、雅虎、阿尔塔维斯塔（AltaVista）。但是，谷歌从一开始就以一种惊人的方式操控了搜索引擎市场。它为人们提供分级搜索功能——一种推崇网页重要性，并且以关联程度高低为序，从而列出相关网页的搜索方式。谷歌还

提供了一种极易接受的赚钱方式，使得搜索商业化。谷歌设法使用户们认识到商业推荐与商业无偏见搜索结果的区别。

另一个惊喜是，谷歌顶级团队的好奇心并不仅局限于搜索引擎，而是包含了网络已经或者有可能产生影响的所有事物。由于谷歌天生的迷人自信，消费者被邀请参与这一使命。无论是谷歌邮箱、谷歌地图、YouTube、安卓或是谷歌智慧型眼镜、杂货快递服务、医学研究项目、太空项目或是人工智能项目，人们很难不对谷歌产品感到惊讶。

谷歌是高产的“人机协作”，其奋斗目标是为地球人创造更好的生活，当然也为公司赚取利润。时刻给人以惊喜、勇于挑战未知事物、保持好奇心造就了这个世界最强（以及最有价值）的品牌，因此谷歌成为我们这个时代最成功的公司。

耐克：永远令人惊叹的合适

耐克现在已成为一家大型的、非常有经验且具备长期成功经验的公司。事实上，对于一代又一代的人们来说，耐克一直是代表健康积极的生活方式的强势品牌。耐克一直保持着以新开发产品给消费者以惊喜的能力。2012 年发布的新产品 FuelBand，使耐克成为第一家拥有此种可穿戴式医疗装置的公司（达诺瓦，2015）。创新一直推动着耐克品牌的发展，并将持续至未来。

乐高：具有新奇想法的玩具

《乐高》（*LEGO*）这部电影出色地讲述了一个故事，一开始就惊喜连连。出人意料的是，这部电影对我们来说意义非凡。同样出人意料的是，一家丹麦玩具公司能用卓越却又简单的想法创造出如此大的能量，远远超出人们对玩具公司的期望。引用电影中无名警官的话：“你不仅是一个玩具，懂吗?”

令人震惊的是在塑料玩具上居然能找到精神层面的惊喜，但是乐高的产生，本来就不在于仅仅满足人们的视觉需要。另一惊喜在于，拥有待组装智能科技机器人和枪支，以及特殊系列大型建筑物玩具的乐高公司，如何将成人变成了公司重要目标客户的一部分。乐高无疑是一个新奇的品牌，深谙其使命：给全世界带来一次又一次的惊喜。

GoPro：在智能手机世界里拥有惊人竞争力

在大多数人的智能手机中已然配备有高品质相机的今天，有人还能创建新型、市值10亿美元的相机公司真令人惊讶。同样令人惊讶的是，这家公司还具有激发人们分享极限体验经验的能力。（你可以在第5章中了解更多关于GoPro的惊人竞争力。）

荷兰皇家航空公司：异常慷慨的航空公司

很难想象一家大型运输公司会对个体乘客感兴趣，或者说会费心为每一段旅程的乘客们准备个性化的礼物。然而，荷兰皇家航空公司就这么做了，因此，对乘客而言，它不再仅仅只是一家航空公司。它似乎更在乎个体的感受，或者说我乐于相信这是它的风格。（你可以在第12章中了解更多关于荷兰皇家航空公司给乘客带来的独特体验。）

Instagram：照片分享中的惊人洞察力

一张照片只要不分享，就没有任何价值，无论你使用了何种滤镜或是图像处理技术让它看起来更美。Instagram为我们提供了奇异的、易操作的相册管理技术，不断提醒我们与朋友和家人分享精彩瞬间是种多么快捷、有趣的体验。

2012年4月，脸书以10亿美元收购Instagram（BBC，2012）。与脸书和推特一样，图片分享社交应用Instagram已经成为最大的社交网络之一，同时其自身也是非常有价值的品牌创建工具。

H&M：出人意料的一贯不一致

时尚被定义为对合群与个性的渴望（列文，2014）。消费者既想融入某一群体，同时又希望彰显个性，无论是从个人或是风格的角度。

当 H&M 试图定义他们的品牌时，他们选择了简单、常规，而不是去追寻或发明新奇、与众不同的东西。他们的公司理念和许多零售商一样：以最优惠的价格获得时尚与品质。

H&M 与众不同的地方在于其零售商店的持续变化。H&M 不断更新其服装供应款式，注重如何做事，而不是做了什么，立志以时尚为乐。其对“以时尚为乐”的定义是通过款式众多的每日到达新品、消费者的负担能力和出人意料的合作方式来确定的。H&M 与卡尔·拉格菲尔德（Karl Lagerfeld）的合作始于 2004 年，一个时尚零售连锁店能够吸引著名的设计师与之合作是 H&M 最大的过人之处。与卡尔·拉格菲尔德的合作突显了其不断求变的经营理念：卡尔代表着时尚不断变化的本质。正如他自己所说：“同一件事情，我从不说也不会做第二次。”（列文，2014）

优步：让打车成为一种快乐体验

优步正在改变运输业。对于那些喜欢用创意来改变看似无法改变的事情的企业家们来说，优步是一个成功的例子。当优步被引进时，人们发现在自己的智能手机上，能看到被叫的出租车正逐渐接近自己所在的地方，这令人非常兴奋。即便是对于回头客来说，看着出租车一点点接近，同样的惊喜和乐趣也会不断地向他们涌来。知道司机的名字，能带给消费者对某种情况有所掌控的惊喜感，这种情况是以前没法体验到的。

对于从一开始就未曾发生过任何改变的一个行业来说，优步随和的态度令疑是积极、正面的，但是它也对许多传统出租车公司产生了威胁。尽管很多出租车公司及司机都被吓坏了，但是优步仍坚定不移地坚持自己要改变出租车行业状况的使命。

当你思考优步到底在做什么时，你会惊奇地发现一切是自然的、显而易见的。

基于现代技术与数十亿的地球居民都使用智能手机这一事实，优步踢开了运输行业的中间人——出租车公司，在全球50多个国家、300多座城市的数十万司机中建立了一张国际运输网，而且大部分司机用的都是自己的车。尽管也存在负面报道和性侵犯，以及暴力指控，但是看着优步穿越车流向你驶来，有种游戏般的感觉，这让打车成为人们每天的乐趣，不自觉地沉迷其中。

瑞典商业银行：金融业的未来主义者

瑞典商业银行是瑞典和斯堪的纳维亚四大银行之一。在这个客户不愿直接与银行打交道的时代，竞争者如雨后春笋般冒出来向挑战银行。瑞士商业银行虽然对于未来有不同的想法，但却以一种极其保守的方式展开。正因为如此，瑞典商业银行与优步、美国广播公司家庭影院（HBO）、电子眼（Mobileye）、露天花园（Open Garden）、马拉集团（Mara Group）、施乐公司一起赢得了奖项。（《金融时报》，2015）

在欧洲银行中，瑞典商业银行拥有某些最高资本比率和最高投资回报率，其商业模式保守又带有现代色彩。在过去45年中，银行一直遵循以下三项原则：

1. 将客户服务转变为客户满意。
2. 建立客户想要的银行。
3. 有节俭和成本意识。

在其他大型银行建立呼叫中心时，瑞典商业银行认为这一做法并不会给客户创造价值。因此，反其道而行之，为客户提供私人银行经理的手机号，并承诺可以24小时随时拨打。客户与银行所有的交易都是通过私人经理来完成的。银行没有中心部门的支持、贷款申请及其他银行业务。

以客户为中心的理念体现在银行的各个层面。瑞典商业银行的首席执行官帕尔·波曼会定期在银行的本地分行柜台工作一段时间，亲自与客户接触，了解他们的想法。（国际银行家，2016）

银行也支持当下非常受欢迎的瑞士移动支付体系服务，被称为闪付，对于电子商务公司Klarna等而言，这是强大的竞争对手（《金融时报》，2015）。瑞典商业银行的现代银行管理方式使得德国投资银行的分析家布伦伯格感叹，瑞典商业银行为“欧洲银行业描绘了未来发展蓝图”。安迪·霍尔丹，英格兰银行的首席经济学家，称这种公司模式为“回到未来”模式。（米尔恩，2015）

Giffgaff：依靠民众力量寻求移动运营的品牌突破口

在2009年的社交媒体会议上，盖伊·汤普森，O2品牌策略负责人，在维基百科和脸书的平台运营中找到灵感。他设想这些平台提供的新型、交互式运营方式能够完全改变移动运营市场。于是，他创办了Giffgaff：公司移动网络的运营，部分依赖移动用户进行，用户们完成了本该由公司职员完成的大量日常工作。

Giffgaff是一家独立的移动虚拟网络运营商，在O2网运营。最初，它那具有双重含义的名字就很引人注目。这个名字源于古苏格兰术语，意味着“相互给予”（贾米森，1808），但是根据这个词的发音，我们也可以将其理解为描述对话的意思。两者的有机结合，完美诠释了社交移动网络的含义。

Giffgaff带给我们的另一个惊喜是其如何鼓励客户承担起客户服务的工作。对于愿意承担客户服务工作的客户们，Giffgaff奖赏他们内部货币，这种货币可以兑换成现金、信用卡或慈善捐款。与设立大型网络呼叫中心相比，这种做法能传递更好的价值观，提供更好、更有效的服务。

通过这种方式，O2创建了这个品牌，吸引了对其持怀疑态度的客户群。它能够为客户创造真实的价值，却不会增加他们的成本。由于其注重简单、透明和奖赏的制度，Giffgaff与客户建立了牢固的关系。这些忠实的客户自愿更多地参与到其运营过程中来，这使得这个品牌持续增长，吸引了更多的主流客户。由于没有花钱建呼叫中心，也没有昂贵的广告费用，公司的这部分结余可以返还给用户，这使得Giffgaff在价格上拥有极大的竞争力，这是其他大移动运营商无法企及的。

这是一种全新的经营策略，实现了对品牌的全方位激活，不仅局限于四维品牌的思维空间轴，而且体现了社会和思维两个层面。（见第6章）

起亚汽车：激情的力量

通过提供超出用户想象的动人经历来体验世界，这句话来自起亚宣传册，同时也界定了起亚汽车的口号：“激情的力量”（The Power of Surprise）。

起亚是汽车行业中不断给客户以惊喜的公司之一，其超乎想象的、以未来为导向的设计和优良的品质超越了大多数汽车公司。其以客户为导向的态度正是推动品牌的创新因素。

起亚喜欢用“品质”和“可持续性”这样的词汇解释其可靠性。但是真正使它独树一帜的，正如其品牌口号所示，是客户体验上的创新。它展示给客户的是一种人性化、个性化及创新的方式。

阿里巴巴集团：异乎寻常的热情

金钱和财富是两个不同的概念。如果你有钱，但是没能将钱转换成提升你自己或其他人幸福水平的能力，你拥有的只是很多符号和一堆彩色的纸片。

马云，阿里巴巴的创始人兼首席执行官（CER，2009）

马云在厨房里创建了他的阿里巴巴。那时的他，只能把从17个同事那儿借到的钱凑在一起，因为没有银行愿意借钱给他。而如今，阿里巴巴已发展成为全球电子商务的领军企业。

2005年，在公司第10个周年庆典到来之际，马云给他的15000名员工写了一封信，反思了公司的成功经验。他成功的原因到底是什么呢？纯粹的运气？可复制的方法？都不是！马云曾说过阿里巴巴集团是在以下核心价值观上建立起来的：

1. **客户至上**。公司优先考虑的重点是用户和付费客户的利益。

2. **团队合作**。阿里巴巴希望员工有团队合作意识。鼓励员工参与到决策中来并期望所有员工为实现团队目标而努力。

3. **迎接变革**。阿里巴巴所从事的行业一直处于快速发展中。因此，公司要求员工灵活、有创新力，并且能够快速适应新形势、接受新方法。

4. **诚信**。信任是市场的基本元素，阿里巴巴的员工一直保持高水准的诚信，履行自己的承诺。

5. **热情**。无论是服务客户，还是开发新产品或服务项目，阿里巴巴员工都要带着激情工作。

6. **承诺**。阿里巴巴承诺去了解中国及全世界中小公司的需求，并不负所望。

阿里巴巴还负有简单却强烈的使命与愿景。它的使命为“让人们在不同的地方做生意变成一件容易的事情”。它的愿景有三个部分组成：1. 成为一家能持续 102 年的公司；2. 成为世界上最大的电子商务服务供应商；3. 成为全球最好的雇主。（阿里巴巴官网，2016）

为什么是 102 年？公司于 1999 年创立，这意味着 102 年的历史将会跨越三个世纪。马云已经以长远的眼光建立起长期的可持续性愿景。我也希望公司能支持和培养全新的竞争对手及创新团队。在阿里巴巴的帮助下，那些没有全球资源和销售能力，只能以传统方式与西方合作的公司，也最终取得了市场的准入券。在我看来，阿里巴巴是属于未来的品牌。

麦当劳，斯德哥尔摩：用回收罐充当货币购买汉堡包

在 2015 年夏季的一场活动中，瑞士的麦当劳以非常有创意的促销活动惊艳了斯德哥尔摩人：用现金、信用卡或回收罐来购买汉堡包。

一个巨无霸汉堡的价格？10 个回收罐。

这是制造突然、短暂性惊喜的地方案例。商家无须承诺永远提供这样的机会。哪怕你只做一次，也就足够了。只需简单展示你是能制造惊喜的品牌，就

能得到你所希望得到的东西。任何品牌，无论何种行业，都可以这样做，只要有一点点创意。

北欧之选酒店集团，挪威（所有者：彼得·史托达伦）：从天而降的公司文化

2015年，彼得·史托达伦——北欧之选酒店集团（Nordic Choice Hotels）的所有者，与维珍的理查德·布兰森和特斯拉的伊伦·穆斯克等一起被《福布斯》杂志评选为世界顶级亿万富翁。

史托达伦是一个健壮的、有点滑稽的人，喜欢以各种奇异的特技为其名下的宾馆揭幕，如乘坐钢青色直升机，沿绳滑降落到阿尔兰大机场的克兰利恩宾馆屋顶上（阿尔兰大的克兰利恩酒店，2012）；在马尔默，他像詹姆斯·邦德式的喷气式划艇一样，为投资4亿美元的克兰利恩酒店和马尔默国会揭幕（艾略斯和温特的电影，2015）；在哥德堡，他身着白色跳伞服，打着鼓从一家大型迪斯科舞厅的屋顶缓缓降落，为克兰利恩宾馆揭幕（克兰利恩·保斯特，2012）。

史托达伦在制定客户体验品牌化的基调和水平方面很成功。在定下基调与水平后，再由他的手下以同样的方式将细节传递给客户。在北欧之选酒店集团的四个宾馆连锁店中，总是有一种积极的创新元素。2015年，在瑞典、挪威、丹麦和波罗的海的184家宾馆，有客房31000间，员工13000名，入住客人900万人，其中包括像舒适质量、质量度假村、克兰利恩，以及克兰利恩收藏品店这样的授权品牌及10个独立的宾馆。（北欧之选酒店集团，2016）

无论身处何处，彼得·史托达伦都不忘鼓励员工，为提供客户体验树立榜样。尽管他自己不是足球迷，却用足球迷和他们对俱乐部的忠诚作为基准给酒店员工提出要求。

后记

将品牌化纳入更大的视野中

在后记中，我想把所有一切集中起来，放进一幅更大的画面中。可能现在要向外面和远处看，以哲学与神秘的方式打开它，对于大多数公司从业者的经验来说都是一种极大的背离。在这本书中，自始至终，我一直都在强调品牌化是要亲力亲为的。放在商业领域经常使用的军事术语中，它与其说是策略，还不如说是战术。本书的最后，我想强调商业有多好，事实上，它是两大对抗力量间的一场大型、持续不断的宇宙大战。

为了设定这个场景，由20世纪40年代到20世纪70年代这一时期著名的芝加哥建筑师雷和查尔斯·伊姆斯（Ray and Charles Eames）提供的一段有影响力的视频，这段视频向我们展示了人类适应宇宙的视觉情感体验（伊姆斯，1977）。我强烈推荐你现在就去看，网址在本书后记的参考文献列表中已经给出。

视频开始于芝加哥密歇根湖边的一次野餐。以一个一米的方块为起点，在一个躺着的男人上方一米处，我们飞向宇宙的边缘，又向前移动了十倍远，每10秒钟看到区域扩大10倍。穿过大气层，穿过太阳系的内外星球，穿过银河系，穿过其他看起来只有单个针孔那么大的星系集群。在这儿，我们掉头返回，回到野餐中，然后进入到酣睡的人手中。当我们通过皮肤层进入毛细血管和单细胞中时，每10秒钟以10的幂次方的速度接近碳分子中的原子核，原子核中还有一颗质子。

最令人吃惊的是，不管我们去往哪个方向，一切都结束于黑暗、空虚与虚无。无论我们面向外太空还是我们的内部世界，黑暗、空虚与虚无都是整个宇宙的主导。我们人类，我们的整个物理世界，以及我们头脑中想象的世界，仅仅只是整个宇宙非常非常微小的一部分。

尽管在这个巨大、虚无的宇宙中，我们看上去非常渺小，但人类还是表现出了极大的自信。人们普遍认为，除非找到了比我们更高级的生命形式，否则人类永远视自己为宇宙的主人。事实上，跟许多有抱负但未能取得成功的人相比较，我们确实成了这颗行星的主人。我们通向成功之路是由想象和文化为指导的，在一个伟大而不乏想象力的智者带领下实现的，这个智者有看透事物本质的能力，能在想象世界中生存。因此也存在与品牌化的关系。尤瓦尔·赫拉利的《人类简史：从动物到上帝》（*A Brief History of Humankind*）一书，让我们对人类、人类发展、历史及我们在这个行星上的未来，都有了进一步了解。（赫拉利，2015）

我的品牌化基于四维宇宙观（见第6章），其中功能维度代表我们的实际生活，社交维度代表人与人之间的关系，心理维度代表对个体来说最重要的东西，精神维度代表地球所面临的更大问题。

功能维度包含我们在地球上的生存能力，这种生存能力包括我们的身份，如消费者、使用者、工人、开发者，以及处理细节或大事的能力，如气候和温度变化带来的威胁、可持续性、安全、食物与饮用水。社会维度将我们联系在一起，与交流、分享和促进包容密切相关。通过心理维度，我们能够对个体有更深入的了解，包括使我们与众不同的因素，以及我们个人对生活的内心看法。最后是精神维度，正如我通常所说，它无关宗教，是一种更广阔的视野，涉及每个人对建立更好生活的集体想法。

这个模型是哲学的、典型的，与更广阔的视野相联系：文化的宇宙观，对于智人征服世界来说是非常重要的。征服有时是通过光明、积极进步的力量和积极能量实现的；有时又是通过黑暗、空虚和更多自我毁灭的力量及能量实现的。这些都是宇宙的一部分，是外太空和内太空的一部分。

我们的世界到底怎么了?

这是我们最大的担忧，而且我们人类有可能是地球上唯一会担心未来的生命体。

我想这个大问题的答案，同时也是以下这个小问题的答案：为什么我们从来都没有真正的快乐过?

无论个体上还是文化上，我们都被宇宙的两种主要对立力量撕裂开来：一方是黑暗、空虚、自我破坏、怀疑、消极；另一方则为光明、启蒙、进步、积极能量。问题是消极能量总是占上风，因为我们的宇宙（无论外部还是内部）大部分是空虚、黑暗、寒冷，甚至是自我摧毁的。这些可以从星球爆炸、黑洞和凋亡细胞死亡得到证明。（万能声卡驱动，2016）

当然积极能量并没有蛰伏。相反，它们代表着更具吸引力的、更积极的力量，预示着光明、温暖、生命和发展。在人类历史发展过程中，明亮和黑暗的对立推动了所有宗教的发展，为最初的可信的信息提供支持，促进了良好的社会交流。当然，历史也不乏这样的时期：世界上的主要宗教被那些占优势地位、有操控能力，但是内心黑暗的人所利用，此时的宗教变得有威胁性、消极、恐怖，成为邪恶势力的工具，引发大型战争和大规模毁灭。

同样，在我们文学和娱乐占主导地位的文化中，积极能量和消极力量间的斗争，已经成为永恒的主题。《星球大战》（*Star Wars*）这部关于宇宙两大对立力量斗争的电影，仅仅是众多例子中的一个。绝地骑士和天行者代表积极能量，黑暗的达斯·维德明显代表消极力量。《星球大战》拍了一部又一部，而且取得了如此巨大的成功，主要是因为我们所有人身上也存在着这两种力量的战争，我们的潜意识将这种战争与《星球大战》的故事等同起来。

品牌化——对宇宙积极能量的支持

我对品牌化的定义是“人类思维的认知管理”。显然，这有可能被动机不纯的人误用，但是我们也可以用它来强调生活中积极的、光明的、进步的、发展的因素。在今天我们生活的这个关联世界里，它意味着与以往相比，我们有更多机会去独自分享知识，获得更多人的认同感。

然而，我们的路只走了一半。脸书的用户已超过10亿（脸书，2016），但是世界上仅有43%的人口能够经常使用网络。虽然许多发达国家中超过80%人口能够使用互联网，这也意味着未来全世界都能达到甚至超过这一水平，但仍有57%或者42亿人无法经常使用网络。（可持续发展委员会，2015）

在这本书中我提出的观点是，怎样使品牌化成为宇宙的积极能量，成为光明和积极能量的来源，穿透我们周围或者体内黑暗、空虚、能量吞噬的空间。在四维空间中，精神纬度包括对所有品牌和品牌所有人的特殊要求：你为社会做出了什么贡献？你的品牌对人们的生活产生了怎样的积极影响？

我认为品牌化既有责任成为积极能量，帮助人们改善生活，同时也获得了满足人们对积极能量需求的机会。我认为这种物质消费的精神方面，在营销中已经开始真实化并且可衡量。随着我们在这个关联世界变得更加成熟，这种趋势会一直持续下去，并且将在我们选择产品、服务、旅游地点和体验上起到更重要的作用。将来，我们需要的是来自产品的积极能量，而不是它们的交付功能。这种人与品牌的心理纽带——关联品牌，开始于苏珊·富尼耶出版的科学论文《消费者与他们的品牌：消费者调查中的关系理论的培养》（*Consumers and their brands: Developing relationship theory in consumer research*）（富尼耶，1998），并且从那时起一直持续到现在。

世界范围内的品牌、公司、国家和地区已有能力证明，在保持经济积极增长及商业健康发展的同时，我们也能采取对人类和环境有益的措施。那种既对公司有利，也对人类有益的能力在今天已成为可能。有证据表明在斯堪的纳维

亚，尤其是瑞典，这种做法能奏效，瑞典成功地将减少废气排放与经济良好发展完美结合在一起。（瑞典官网，2016）

瑞典还有许多品牌和公司能为我们提供这方面的好例子，这些品牌和公司在保持自身健康发展的过程中，还主动承担了更多的可持续发展的责任，其中包括与许多竞争者相比，大大减少废气排放量。瑞典国际公司中已具有这种思维模式的公司有 H&M 和宜家。通过可持续资源的利用和创造更好的工作环境，H&M 已经致力于可持续发展，推动积极变化，这一趋势将通过 H&M 意识基金（H&M Conscious Foundation）得以持续下去（H&M，2016）。宜家的可持续发展之路包括 100% 的可再生能源目标，以及以“资源和能源独立”和“改善人们和社区生活”为驱动的可持续资源定位。（宜家，2015）

所有这些增强人类与品牌联系的因素，可以通过分享经验和利益的方式来进一步巩固这种联系。品牌让我们聚到一起，在我们之中创建联系，帮助我们在保持个人强烈风格的基础上，认同和同情我们的人类同伴，从而引领我们走向更美好的世界。

我希望每一个研读这本书的人，都能在推动世界积极发展的进程中找到自己合适的位置。

注　释

交易品牌与关联品牌

在我看来，交易品牌与关联品牌是品牌化的两大支柱。为了理解两者之间的显著差异，本章节将对交易品牌与关联品牌进行详细分析，以让大家对关联品牌有更清晰的认识。本章节也会简述交易品牌的背景和历史渊源，以及其在市场、销售、传播、创新和行为方面的驱动因素和特点。

交易品牌控制的世界

随着工业化的进程，许多东西都发生了变化。大规模生产的引入改变的不仅是工人的社会生活、国家的经济和政治，最重要的是，工业化改变了消费者的生活。原本的个性化技艺的世界变成了批量生产和规模经济的世界。我们每天消费和使用的大多数产品都是通过批量生产的方式获得的。

与此同时，工业化的大规模生产也教会了消费者工业化时代的新规则：接受。

规模经济的生产要求消费者接受产品或者服务的同一性。亨利·福特关于T－Ford的那句名言很好地印证了时代变化对消费者思维模式转变的要求：只要是黑色，你可以选择用任何你喜欢的颜色。

现在，工业给了我们众多的选择，不仅是对汽车颜色的选择，还包括对成百上千种设备和类型选择的高级个性化（例如大众个性化部门）。到处都有过量的选择，甚至牙膏品牌（例如高露洁）也针对不同消费者的牙齿状况提供了不同的口味和活性成分的牙膏。但是这种选择的提供仍然只是受工业的驱动，根据生产商的喜好来提供的。

批量生产呼唤交易品牌

批量生产也会产生新问题。起初，批量生产是具有吸引力的，因为随着长期生产，产品价格会下降。随着批量生产，全新的大规模运销系统形成，包括区域存储、仓储，以及运费联运公司、分销商、超市和折扣零售商等。大规模销售也应运而生，以通过销售链推动销售。

这种大规模销售和后来出现的打包服务目的都在于向消费者推销产品。作为这种大规模销售的媒介，一种新品牌形式因此产生。这便是由大众传播推动产生的品牌形式，我现在称之为交易品牌。这一切都拜从工厂到消费者的规模经济理念所赐。信息被简单化、机械化重复。正如生产被机械化，广告也随之机械化。

结果，消费者被这些交易品牌广告中的简单品牌信息所洗脑。传播这些洗脑信息的大众媒体获得了空前成功，在这些不断上升的公司中投资一美元，将获得三美元或者更多的回报。

大规模营销不仅解决了过度生产的问题，实际上还刺激了消费者需求，也就导致了追加生产的需求。分配链中的每一个人都获得利益。宝洁、联合利华及雀巢这样的大公司都是建立在这些强大的新投资机制的基础上的。大规模营销也为此开发出新工具对消费者进行调查和评估，还在社会人口统计数据的基础上开发出复杂的细分模型，用来预测和控制消费者态度、偏好，以及消费模式对产品销售的影响。

这些在品牌化、大规模营销、大众传媒及广告中的投资成为我们这个时代最大的商业之一。交易品牌花费几十亿美元对消费者进行洗脑，主要是通过电视广告这种媒介，虽然其他大众媒体也从交易品牌建设的浪潮中获利。其余的，正如他们所说，是历史……虽然仍然在继续，但是已经不像之前那么有力。2008 年，互联网广告超过电视广告，成为许多西方国家刺激消费者购买欲望的主要媒体形式。

大多数交易品牌的发展需要花 20 到 40 年，但是在仅仅 5 到 15 年内，关联品牌就加速发展到了交易品牌品牌资产的同等水平。这就是许多公司选择关联品牌而不是交易品牌的原因。关联品牌更加快捷、便宜。因为关联品牌不是建立在广告的基础上，所以很少需要预付。关联品牌通过网络活动、社交活动、联合品牌和活跃的品牌社区中消费者在博客的口口相传得以传播。所有这些社交活动，并不像旧式媒体一样，只是简单的传播渠道，它们是品牌不可分割的一部分，当然，也是支持品牌的一部分。

这两种品牌形式将会继续共存，而且有可能会永远共存下去。即便关联品牌属于新生事物，也很难说它就优于交易品牌。事实上，经典交易品牌顾问的评估，让我们见证了交易品牌和关联品牌在货币价值上是并驾齐驱的，就像每年发表在《商业周刊》（*Business Week*）上的国际品牌集团的品牌价值评估。这非常有趣，因为关联品牌没能在广告上做过大的投资，所以它们曾做过的任何投资都仅是交易品牌投资的一小部分。

它们两者各有利弊，谁也不可能击败对手，成为唯一幸存者。作为品牌打造人，你必须要在两者之间做出选择。答案通常依赖于你愿意多大程度上改变你的公司；你愿意多大程度上将关联品牌作为你公司的文化。这当然取决你管理团队的个性和态度，也可能取决于不同行业的传统传承。

交易品牌的特点

交易品牌的第一个典型特点是它对产品或服务的极度专注。品牌会成为通常所谓的一种对产品质量、性能、设计和使用的信任标记。这对于交易品牌来说是自然而然的事情，因为交易品牌的重点在于推销产品或服务。新产品的失败对于交易产品来说是危险的。如果产品出了问题，将会拉低整个品牌。这就是为什么交易品牌产品在最终发布之前，必须经过免费试用、讨论组和极限测试等多次测试。世界几个知名交易品牌包括：可口可乐、福特、麦当劳、万宝路、宝马。

对于交易品牌来说，所有品牌资产——品牌价值——都与产品有关。如果产品失败，则品牌失败。因此，最重要的是不要偏离交易品牌轨道。这也是交易品牌有非常非常详细品牌说明的原因。品牌说明详细到交易品牌能从任何商学院招聘刚刚毕业的学生来担任他们的品牌经理。当我还在交易品牌公司工作时，常常为此感到惊讶不已。直到我意识到品牌传播、品牌创新、品牌表现的一切都已在包罗万象的品牌说明中有严格规定时，我才发现，这也是符合逻辑的，毕竟品牌是产品，产品是品牌。

交易品牌的逻辑并不是产品背后的公司，而是能引起消费者兴趣的产品本身。因此交易品牌最喜欢的词是相关性。对于消费者来说，宝洁公司是很好的例子，这家公司在公司品牌外，成功建立了关联品牌。他们在“母亲”这个主题活动中，非常聪明地利用了社交媒体，主要是脸书。该活动的主题包括“妈妈总是知道最好的”和“母亲节”，主要是赞美传统上负责家庭购买的妈妈。公司甚至试图使其产品品牌人性化，但仍受到了产品品牌文化的束缚。

另一个例子是福特。虽然仍然很关注产品，但福特已经更多地将公司品牌打造成产品品牌，例如福特蒙迪欧（Ford Mondeo）。

销售交易品牌

我们已经讨论过交易品牌的营销怎样从工业化进程中衍生出来，并创建了全新的行业：大规模销售和大众传媒。现在让我们转向销售：交易品牌怎样被销售人员出售？如果说销售来源于工业化，其销售则是受到政策的影响。

我发现典型的交易品牌销售员就像一个政客。产品政客让自己置身于一个真实或虚拟的讲台上，以上司的口吻跟观众说话。事实上，“观众”是市场营销者经常使用的术语。他们尽力使我们这些不是很主动、有见识的普通人相信，选择他们产品会带来的优势。不幸的是他们经常带着来自上层的傲慢态度，这种傲慢源自于对产品的极度自信，但却造成了与观众的疏离感。这是当今世界严肃而又非常重要的失误：向无差别的不想接受此类信息的群体传递信息时，缺乏尊重。正如希尔斯及大卫·温伯格在他们优秀的著作——《线车宣言》（*The Cluetrain Manifesto*）中所表达的：与个体对话远比向观众演讲来得重要。（列文，2001）

对于真正的交易品牌缔造者，这听起来像废话。他们可能会问："如果你不自信，不强势推销，怎么能卖出产品，赢得尊重?"如果事实确实如此，那将是既典型又可悲的。我们从中看到了两种品牌在态度上的巨大差异，这也是从交易品牌转换成关联品牌极度困难的原因。

交易品牌的创新

创新对于极度关注产品（或服务）的交易品牌来说是非常困难的。记住，品牌是产品，产品是品牌，一些交易品牌已经被高度轮廓化和具体化。

以众所周知的可口可乐为例。产品最细微的变化都会触怒消费者。以前可口可乐曾改变过口味，遭到了消费者的抗议——这不是可口可乐该有的味道。新口味遭到了消费者的拒绝，可口可乐不得不回到传统口味（布朗，2016）。对于可口可乐来说，任何新产品都是难以接受的。在可口可乐这一品牌下的任何创新都会遭到质疑。但是可口可仍然坚持创新，这是最吸引人的一点。当你有与某个品牌密切相连的完美产品时，为什么还要努力挑战创新?

在相同情况下，交易品牌通常会这么做。答案可能有点偏执："如果我们不一直尝试，其他人会试图挑战我们。"这种创新推动并不容易，作为如此关注产品本身的交易品牌，当预期中的创新来临时，其要求也会更高。通常必须是很好的新点子，哪怕差那么一丁点儿，都会变得无趣。因为产品在很大程度上代表着品牌，创新工作必须秘密完成。在封闭的实验室研发，经过签署最严格保密协定的专业小组测试，然后同时在世界各地的柜台上同步发布。

你可能觉得我言过其实，我确实有可能言过其实，但是我想说的是，对于交易品牌来说，创新确实很困难。尽管有大型研究和开发部门，但是新点子很少能好到取代或者完善品牌的拳头产品。交易品牌的典型做法是将他们的新点子和想法置于全新的交易品牌下，而不是冒着破坏性风险，尝试硬挤在已有的品牌名下。

当麦当劳因不断增加的肥胖症而遭到批评时，他们不得不将大量的研发精力投入到新型、健康的食品的开发上。但是事实是，品牌最初与大巨无霸汉堡紧密相关（被认为是不健康的），意味着这些新的、更健康的产品开发很难改变品牌的困境。此外，麦当劳至今仍是那些喜爱汉堡的人们深爱的品牌，但这对一个品牌来说没有任何好处。

交易品牌能被改造成关联品牌吗?

我曾多次被问到这个问题，我的答案是：理论上可以，但实际上很困难。这两种品牌的品牌文化差异巨大，具体体现在管理态度、公司文化和信仰体系方面。

这使得我们很难将一种品牌转换为另一种品牌。在和可口可乐首席执行官的一次私人对话中，我了解到可口可乐正在尝试关联品牌理念，希望通过把人名印在可口可乐瓶罐上的方式，使其产品个性化。值得注意的是，可口可乐公司也在经营大型的、雄心勃勃的、成功的社交媒体。公司甚至在网上上传视频，分享其管理社交媒体营销和公共关系的方法。大部分交易品牌都已意识到了形式的变化，并且以相同方式尝试实行关联品牌理念，尽管并不指望它能完全起作用。（布朗，2012）

交易品牌的例子包括：可口可乐、福特、麦当劳、万宝路和宝马。

致谢

我想将这本书献给多年来一直鼓励我探索和发展客户体验品牌化，以及为本书提供材料的客户，他们中的许多人跟我在合作过程中成为亲密的朋友，我十分珍视这些经历和关系。

我还要感谢安奈特·罗森克雷兹的鼓励和建议，她是我生命中最真诚的伴侣。我在撰写本书时投入的精力离不开她热情的鼓励。

参考文献

前言　客户体验品牌化——惊喜，惊喜！

Agnew, J (2013) *Alcohol and Opium in the Old West: Use, abuse and influence*, McFarland, Jefferson

Gartner Inc. (2014) Importance of customer experience on the rise – marketing is on the hook [Online] https://www.gartner.com/ [Last accessed: 20.1.16]

Neylan, C (2011) Apple's secret is in our DNA, all tech considered, 11/11 [Online] http://www.npr.org/sections/alltechconsidered/2011/08/30/140039539/apples-secret-is-in-our-dna [Last accessed: 20.1.16]

Pfizer (2016) Pfizer financial reports [Online] http://www.pfizer.com/investors/financial_reports/financial_reports [Last accessed: 20.1.16]

第一章　品牌化：人类思维的认知管理

Gabay, J (2015) *Brand Psychology: Consumer perceptions, corporate reputations*, Kogan Page, London

Glykas, M (ed) (2012) *Business Process Management: Theory and applications*, Springer, Heidelburg

Hill, JR and Ranft, B (2002) *The Oxford Illustrated History of the Royal Navy*, Oxford University Press, Oxford

Konstam, A (2007) *Scourge of the Seas: Buccaneers, pirates and privateers*, Osprey Publishing, Oxford

第二章　关联品牌：互联网带来的品牌化惊喜

Kawasaki, G (2004) *The Art of the Start: The time-tested, battle-hardened guide for anyone starting anything*, Portfolio, New York

Kurtuldu, M (2012) Brand new: The history of branding [Blog] *Design Today*. 29/11. [Online] http://www.designtoday.info/brand-new-the-history-of-branding/ [Last accessed: 25.1.16]

McCracken, G (2005) *Culture and Consumption II: Markets, meaning and brand management*, Indiana University Press, Bloomington

McCracken, G (2011) Personal interview

第三章　迎接“意外”：打造新型经营策略

Christensen, C (1997) *The Innovator's Dilemma: When new technologies cause great firms to fail*, Harvard Business School Press, Boston

Diamandis, PH and Kotler, S (2015) *Bold: How to go big, create wealth and impact the world*, Simon & Schuster, New York

Lepore, J (2014) The disruption machine: What the gospel of innovation gets wrong, *The New Yorker*, 23 June [Online] http://www.newyorker.com/magazine/2014/06/23/the-disruption-machine [Last accessed 29.1.16]

Taleb, NN (2007) *The Black Swan: The impact of the highly improbable*, Random House, New York

第四章　品牌化思维：有关思维的新研究

Berns, G, McClure, SM, Pagnoni, G and Montague, PR (2001) 'Predictability modulates human brain response to reward' [Online] Available from www.ncbi.nlm.nih.gov/pubmed [Last accessed 29.1.16]

Cohen, JD (2005) The vulcanization of the human brain: A neural perspective on interactions between cognition and emotion, *Journal of Economic Perspectives*, 19 (4), pp 3–24

Damasio, A (1994) *Descartes' Error: Emotion, reason, and the human brain*, Avon Books, New York

Dijksterhuis, A, Bongers, KCA, Bos, MW, van der Leij, A (2009) 'The rational unconscious: Conscious versus unconscious thought in complex consumer choice' [Online] www.econbiz.de/ [Last accessed: 15.2.16]

Ferrari, PF, Gallese, V, Rizzolatti, G and Fogassi L (2003) Mirror neurons responding to the observation of ingestive and communicative mouth actions in the monkey ventral premotor cortex, *European Journal Neuroscience*, 17 (8), pp 1703–1714.

Gilbert, D (2006) *Stumbling on Happiness*, Knopf, New York

Hawkins, J (2004) *On Intelligence*, Times Books, New York

Isaacson, W (2011) *Steve Jobs*, Simon and Schuster, New York

Kahneman, D (1998) Does living in California make people happy? A focusing illusion in judgments of life satisfaction, *Psychological Science*, 9, pp 340–346

Kahneman, D (2011) *Thinking, Fast and Slow*, Farrar Straus & Giroux, New York

Kahneman, D and Schakade, DA (1998) Does living in California make people happy? A focusing illusion in judgments of life satisfaction, *Psychological Science*, 9 (5), pp 340–346

Kahneman, D and Tversky, A (1974) Judgment under uncertainty: Heuristics and biases, *Science*, 185, pp 1124–1131

Kahneman, D, Kruger, AB, Schkade, D, Schwarz, N and Stone, AA (2006) Would

you be happier if you were richer? A focusing illusion, *Science*, 312, pp. 1908–1910
Kaipa, P (2012) Steve Jobs and the art of mental model innovation, *Ivy Business Journal* [Online] http://iveybusinessjournal.com/publication/steve-jobs-and-the-art-of-mental-model-innovation/ [Last accessed 4.4.16]
Schafe, GE, Nader, K, Blair, HT and LeDoux, JE (2001) Memory consolidation of Pavlovian fear conditioning: A cellular and molecular perspective [Online] www.ncbi.nlm.nih.gov/pubmed [Last accessed 29.1.16]
Walvis, T (2010) *Branding with Brains: The science of getting customers to choose your company*, FT Press, Harlow
Weinschenk, S (2011) *100 Things Every Designer Needs To Know About People*, New Riders, Berkeley

第五章 环境创新：关注用户想法带来的惊喜

Mac, R (2013) The mad billionaire behind GoPro: The world's hottest camera company, *Forbes*, 4 (3) [Online] www.forbes.com/ [Last accessed 29.1.16]
Forbes (2013) How GoPro made a billionaire [Online video] www.forbes.com/ [Last accessed 29.1.16]
Gage, D (2012) The venture capital secret: 3 out of 4 start-ups fail, *Wall Street Journal*, 20 September [Online] www.wsj.com/ [Last accessed 29.1.16]

第六章 四维品牌：为客户创造“意外之喜”

Reeves, R (1961) *Reality in Advertising*, Knopf, New York
Nordström, K and Ridderstråle, J (2000) *Funky Business: Talent makes capital dance*, Pearson Education, London
Ogilvy, D (1955) *The Image of the Brand: A new approach to creative operations* [Online] www.brandstrategygroup.de/texte/ogilvy_the-image-of-the-brand_1955.pdf [Last accessed 29.1.16]
Grant, J (2007) *The Green Marketing Manifesto*, Wiley, Chichester

第七章 复活节彩蛋效应：造就预期的惊喜

Burgoon, JK and Hale, JL (1988) Nonverbal expectancy violations: Model elaboration and application to immediacy behaviors, *Communication Monographs*, 55, pp 58–79.
Casti, J (1994) *Complexification: Explaining a paradoxical world through the science of surprise*, HarperCollins, New York
Ekman, P and Friesen, WV (1975) *Unmasking the face*, Prentice Hall, Inc, Englewood Cliffs
Ellis, CJ (1981) The pupillary light reflex in normal subjects, *British Journal of Ophthalmology*, 65 (11), pp 754–759 (November)
Kahneman, D (2010) The riddle of experience vs. memory. [Online video]

www.ted.com/talks/daniel_kahneman_the_riddle_of_experience_vs_memory [Last accessed 29.1.16]

Kalat, JW (2009) *Biological Psychology*, 10th edn, Cengage Learning, Andover

Luna, T and Renninger, L (2015) *Surprise: Embrace the unpredictable and engineer the unexpected*, Perigee Books, New York

Reisenzein, R, Bördgen, S, Holtbernd, T and Matz, D (2006) Evidence for strong dissociation between emotion and facial displays: The case of surprise, *Journal of Personality and Social Psychology*, 91 (2), pp 295–315 (August)

Richins, M (2013) When wanting is better than having: Materialism, transformation expectations, and product-evoked emotions in the purchase process, *Journal of Consumer Research*, 40 (1), pp 1–18 (June)

Rushe, D (2013) Apple earnings expected to disappoint after iPhone 5C gamble falls flat, *Guardian*, 28 October [Online] www.theguardian.com/ [Last accessed 29.1.16]

Silva, PJ (2009) Looking past pleasure: Anger, confusion, disgust, pride, surprise, and other unusual aesthetic emotions, *Psychology of Aesthetics, Creativity, and the Arts*, 3 (1), pp 48–51 (February)

Zajonc, RB (2001) Mere exposure: A gateway to the subliminal, *Current Directions in Psychological Science*, 10 (6), pp 224–228 (December)

第九章 客户体验品牌化：创造前所未有的感知差异

2020BMV (2015) An inside look at the branding success of BMW [Blog] 2020 Brand + Marketing Visionaries, 30/9. [Online] www.2020bmv.com/ [Last accessed 6.2.16]

Edwardsson, A (n.d.) Liberalization of the telephony markets. [Online] www.teliasonerahistory.com/ [Last accessed: 6.2.16]

Hall, V (2009) *The Truth About Trust in Business: How to enrich the bottom line, improve retention, and build valuable relationships for success*, Emerald Book Company, Austin

Jobs, S (1997) 16 brilliant insights from Steve Jobs [Video and transcript], Keynote Circa 1997. [Online] onstartups.com/ [Last accessed: 23.2.16]

LVMH (2016) 2015 full year results and 2015 financial documents. [Online] www.lvmh.com/investors/publications/ [Last accessed: 23.2.16]

Markey, R and Reichheld, F (2011) Introducing: the Net Promoter System, Bain and Company. [Online] www.bain.com/ [Last accessed: 6.2.16]

Pink, DH (2010) *Drive: The surprising truth about what motivates us*, Riverhead Books, New York

Shaw, C and Ivens, J (2004) Building great customer relationship, in *Building Great Customer Experiences (Beyond Philosophy)*, Palgrave MacMillan, pp 35–36

第十章 客户体验触点：赢得客户的忠诚与专注

Greenwald, M (2014) 20 ways Apple masters customer touchpoints and why it's great for business, *Forbes*, 21 May. [Online] www.forbes.com/ [Last accessed: 6.2.16]

第十一章 品牌效果：客户体验品牌化的实施

Apple (2015) Apple – September event 2015. [Video, online] www.youtube.com/ [Last accessed: 27.2.16]

Field, S (1984) *The Screenwriter's Workbook*, Dell Publishing Company, New York

Frederick, M (2007) *101 Things I Learned in Architecture School*, The MIT Press, Cambridge, MA

Greene, J (2008) Marketing Innovation Nike Plus presentation, SlideShare, slide 3 of 25. [Online] http://www.slideshare.net/johneire/marketing-innovation-nike-plus-presentation [Last accessed: 12.1.16]

Gustin, S (2013) How far can the mighty Apple fall?, *Time*, 18 April. [Online] business.time.com/ [Last accessed: 27.2.16]

O'Brien, C (2013) What the iPhone 5s and 5c launch taught us about Tim Cook and Apple, *Los Angeles Times*, 22 September. [Online] articles.latimes.com/ [Last accessed: 27.2.16]

第十二章 社交媒体品牌化：传统品牌与关联品牌之间的区别

Berger, J and Milkman, K (2012) What makes online content viral?, *Journal of Marketing Research*, April, 49 (2), pp 192–205

Coca Cola (2012) Sweetest reunion video ever from the 'Happiness Is Home' project. [Video, online] www.coca-colacompany.com/ [Last accessed: 26.2.16]

Dunbar, R *et al* (2013) Social laughter is correlated with an elevated pain threshold, *PubMed*. [Online] http://www.ncbi.nlm.nih.gov/pubmed/21920973 [Last accessed: 26.2.16]

Fogg, BJ (2003) *Persuasive Technology: Using computers to change what we think and do*, Morgan-Kaufmann, San Francisco

Marketwired (2010) Canada's juice leader to become national provider of 'Brighter Mornings for Brighter Days', *Marketwired*, 26 Februrary. [Online] www.marketwired.com [Last accessed: 26.2.16]

Mawston, N (2015) Two billion people worldwide now own a smartphone, *Strategy Analytics*, 26 February. [Online] www.strategyanalytics.com [Last accessed: 26.2.16]

McLuhan, M (1964) *Understanding Media: The extensions of man*, McGraw-Hill, New York

Neff, J (2011) P&G: Moments that blow people away, *Ad Age*, 82 (7, February)

Peveto, A (2011) KLM surprise: How a little research earned 1,000,000 impressions on Twitter. [Online] www.digett.com [Last accessed: 20.1.16]

Pillay, S (2014) Which messages go viral and which ones don't? *Harvard Business Review*. [Online] https://hbr.org/2014/04/which-messages-go-viral-and-which-ones-dont [Last accessed: 20.1.16]
Boase, J, Horrigan, JB, Wellman, B and Raine, L (2006) *The Strength of Internet Ties*, PewResearchCenter, 25 January. [Online] old-media/Files/Reports/2006/PIP_Internet_ties.pdf.pdf [Last accessed: 15.1.16]
Spanair (2010) Spanair – unexpected luggage [Video, online] www.youtube.com/ [Last accessed: 26.2.16]
Teo, V (2012) Creating brand advocacy through surprise and delight moments, Clickz. [Online] www.clickz.com [Last accessed: 20.1.16]

第十三章 品牌危机管理：以意想不到的方式打破"陈规旧习"

Ayres, C (2009) Revenge is best served cold – on YouTube, *The Times*, 22 July. [Online] www.thetimes.co.uk [Last accessed: 20.2.16]
Carroll, D (2009) United breaks guitars [Video, online] www.youtube.com [Last accessed: 25.2.16]
Carroll, D (2012) *United Breaks Guitars: The power of one voice in the age of social media*, Hay House, Inc, New York
Fletcher, D (2009) Top 10 viral videos, *Time* Magazine, 8 December, Available from: www.time.com [Last accessed: 20.2.16]
Hadler, T (2013) Transform conflict into collaboration, Network for Business Sustainability, 25 November. [Online] nbs.net/knowledge/ [Last accessed: 26.2.16]
Hotten, R (2015) Volkswagen: The scandal explained, BBC News, 10 December. [Online] www.bbc.com/ [Last accessed: 25.2.16]
Karp, G and Yarek, B (2015) Volkswagen owners should be nervous about emissions scandal, experts say, *Chicago Tribune*, 22 September. [Online] my.chicagotribune.com [Last accessed: 25.2.16]
Lavell, T (2016) VW loses European market share to Fiat in wake of scandal, Bloomberg Business, 16 February. [Online] www.bloomberg.com [Last accessed: 25.2.16]

第十四章 公司文化：使你的员工感到特别

Carlzon, J (1989) *Moments of Truth: New strategies for today's customer-driven economy*, HarperBusiness, New York
Harvard Business Review (2008) Why Zappos pays new employees to quit – And you should too. [Video, online] www.youtube.com [Last accessed: 25.2.16]
Isaksson, P (2008) *Leading Companies in a Global Age: Managing the Swedish way*, Vinnova report VR 2008:14, Vinnova
Sinek, S (2009) *Start with Why: How great leaders inspire everyone to take action*, Portfolio Hardcover, New York
Zakkour, M (2014) How Jack Ma's 'crazy' management style built a technology empire, *Entrepreneur*, 29 September. [Online] www.entrepreneur.com/ [Last accessed: 25.2.16]

第十五章　个体品牌：企业家的自信可以提升客户体验

Gad, T and Rosencreutz, A (2002) *Managing Brand Me*, Momentum, WC2E Books, London

案例　令人惊奇的案例

alibabagroup.com (2016) Company overview. [Online] alibabagroup.com [Last accessed: 20.2.16]

BBC (2012) Facebook buys Instagram photo sharing network for $1bn, BBC, 10 April. [Online] www.bbc.com [Last accessed: 23.2.16]

CER (2009) Bad press: Private philanthropy in China has a tarnished public image, but it's all a misunderstanding, *China Economic Review*, 1 December. [Online] www.chinaeconomicreview.com/ [Last accessed: 20.2.16]

Clarion Hotel Arlanda (2012) Petter Stordalen inviger Clarion Hotel Arlanda Airport. [Video, online] vimeo.com/54289593 [Last accessed: 23.2.16]

Clarion Post (2012) Invigningen av Clarion Hotel Post, Göteborg. [Video, online] www.youtube.com/ [Last accessed: 23.2.16]

Danova, T (2015) The entire history of the smartwatch and fitness-band market in one infographic, Business Insider UK, 22 January. [Online] uk.businessinsider.com/ [Last accessed: 23.2.16]

Ellioth and Winther Film (2015) Petter Stordalen: Clarion Hotel & Congress Malmö hotel opening – crashes jet-ski in concrete. [Video, online] vimeo.com/129817968 [Last accessed: 23.2.16]

Financial Times (2015) Handelsbanken winner of *Financial Times* award: Boldness in Business, FT 2015

Forbes (2015) Forbes thrillionaires: With great wealth comes great adventure, 5 January. [Online] www.forbes.com/ [Last accessed: 20.2.16]

Gregory, A (2012) Toxic feud: Just why are Virgin and British Airways always go nose to nose? *Mirror*, 20 April. [Online] mirror.co.uk [Last accessed: 23.1.16

International Banker (2016) Interview with Pär Boman, CEO of Handelsbanke *International Banker* 24 February. [Online] internationalbanker.com/ [Last accessed: 23.2.16]

Jamieson, J (1808) *An Etymological Dictionary of the Scottish Language*, University Press, Edinburgh

Jobs, S (1997) 16 brilliant insights from Steve Jobs keynote circa 1997. [Video and transcript, online] onstartups.com/ [Last accessed: 23.2.16]

Levy, M (2014) Uniqlo CMO Jörgen Andersson on Why Consumer Culture is 'generic', Business of Fashion, 1 April. [Online] www.businessoffashion.com/ [Last accessed: 20.2.16]

Linshi, G (2014) Why Uber's rape scandal is more than a 'growing pain', *Time*, 11 December. [Online] time.com/ [Last accessed: 23.2.16]

Milne, R (2015) Handelsbanken is intent on getting banking back to the future, 20 March. [Online] www.ft.com/ [Last accessed: 20.2.16]
Nordic Choice Hotels (2016) State of Nordic Choice Hotels. [Online] http://annualreport.choice.no/en/ [Last accessed: 23.2.16]
Ross, F (2016) The importance of a brand and how to build one. [Online] virgin.com/ [Last accessed: 23.2.16]
Schaffler, R (1997) Coffee is a costly wake-up: Supply shortage has commodity traders bidding up prices, CNN, 6 March. [Online] money.cnn.com/ [Last accessed: 23.2.16]
Underwood, L (2004) A brief history of search engines, Web Reference, 18 August. [Online] www.webreference.com/ [Last accessed: 23.2.16]

后记 将品牌化纳入更大的视野中

ALSA (2016) Cell death and apoptosis, ALS Association. [Online] www.alsa.org [Last accessed: 26.2.16]
Broadband Commission for Sustainable Development (2015) *The State of Broadband 2015: Broadband as a foundation for sustainable development.* [Online] broadbandcommission.org/publications/ [Last accessed: 26.2.16]
Eames, C and Eames, R (1977) Powers of ten. [Video, online] https://youtu.be/5CKd0aPSWe8 [Last accessed: 26.2.16]
Facebook (2016) Company information. [Online] http://newsroom.fb.com/company-info/ [Last accessed: 26.2.16]
H&M (2016) About H&M. [Online] about.hm.com/ [Last accessed: 26.2.16]
Harari, YN (2015) *Sapiens: A brief history of humankind*, Harper Collins, New York
IKEA (2015) *2015 Sustainability Report*, Ikea. [Online] www.ikea.com/ms/en_US/this-is-ikea/people-and-planet/ [Last accessed: 26.2.16]
Fournier, S (1998) Consumers and their brands: Developing relationship theory in consumer research, *Journal of Customer Research*, 24, pp 343–373 (March)
Sweden.se (2016) Sweden tackles climate change, Sweden Sverige. [Online] sweden.se/nature/sweden-tackles-climate-change/ [Last accessed: 26.2.16]

注释

Brown, A (2012) How we built Coca-Cola Journey, Unbottled [Blog, online] http://www.coca-colacompany.com/coca-cola-unbottled/how-we-built-coca-cola-journey/ [Last accessed: 25.1.16]
Levine, F, Locke, C, Searls, D and Wineberger, D (2001) *The Cluetrain Manifesto*, Basic Books, Cambridge, MA
McCracken, G (2005) *Culture and Consumption II: Markets, Meaning and Brand Management*, Indiana University Press, Bloomington